网络时代背景下审计发展研究

刘洪涛　著

中国商务出版社
CHINA COMMERCE AND TRADE PRESS

图书在版编目（CIP）数据

网络时代背景下审计发展研究 / 刘洪涛著. — 北京:
中国商务出版社, 2022.9

　　ISBN 978-7-5103-4424-4

　　Ⅰ. ①网… Ⅱ. ①刘… Ⅲ. ①审计－研究－中国
Ⅳ. ①F239.22

中国版本图书馆CIP数据核字(2022)第167353号

网络时代背景下审计发展研究

WANGLUO SHIDAI BEIJING XIA SHENJI FAZHAN YANJIU

刘洪涛　　著

出　　版：中国商务出版社
地　　址：北京市东城区安外东后巷28号　　邮　编：　100710
责任部门：发展事业部（010-64218072）
责任编辑：陈红雷
直销客服：010-64515210
总 发 行：中国商务出版社发行部（010-64208388　64515150　）
网购零售：中国商务出版社淘宝店（010-64286917）
网　　址：http://www.cctpress.com
网　　店：https://shop595663922.taobao.com
邮　　箱：295402859@qq.com
排　　版：北京宏进时代出版策划有限公司
印　　刷：廊坊市广阳区九洲印刷厂
开　　本：787毫米×1092毫米　1/16
印　　张：12.25　　　　　　　　　　　　字　数：270千字
版　　次：2023年1月第1版　　　　　　　印　次：2023年1月第1次印刷
书　　号：ISBN 978-7-5103-4424-4
定　　价：63.00元

前　言

　　网络技术的应用改变了企业传统的经营管理模式，企业的运营和交易由计算机信息系统按先进的模式控制与管理。这些改变使企业的经济环境、组织结构、经营方式、业务重心和管理模式等审计环境都发生了巨大变革。同时，由于计算机会计信息系统和大数据技术的应用，使得审计线索、审计内容、审计技术的方法等都发生了很多变化，对纸质财务账簿进行审查的传统审计模式已经无法满足时代的需求。如何在网络时代背景下对审计工作模式进行改革，发挥审计的监督管理作用，成为当前审计工作面临的新课题。

　　网络财务管理产生的根本原因是网络的发展，网络在财务管理的控制和决策中起了重要作用。网络技术为现代财务管理的顺利实施提供了技术保障。同时，财务管理的过程本身就是对信息资源的利用过程。本书在网络的背景下对审计的相关知识进行了分析阐述，不断充实和完善了新形势下财务的理论体系和实施技术。本书力图突出以下两个特点：第一，务实性。内容具有较强的应用性与实践性，结合最前沿理论与现实工作，用简洁的语言、完整的内容、清晰的逻辑为读者提供有用的信息。第二，全面性。本书从审计的主体出发，对审计规范、审计工作、审计质量的控制等进行了较为系统、全面的探索。

　　由于作者水平有限，加之网络时代背景下审计技术方法不断更新，书中难免存在不足，欢迎读者予以批评指导！

目 录

第一章　审计的相关理论概述

第一节　审计的基本概述

一、审计的基本理论

（一）审计的概念

1.审计的概念

审计是一项具有独立性的经济监督活动。它是由独立的专职机构或人员接受委托或授权，对被审单位特定时期的财务报表及其他有关资料以及经济活动的真实性、合法性、公允性和效益性进行审查、监督、评价和鉴证的活动，旨在维护财经法纪，改善经营管理，提高经济效益等。这一定义对审计的主体、客体、对象、目标、职能、作用、性质等进行了概括。

2.审计与会计的关系

审计与会计密不可分，二者的起源密切相关。传统审计主要审查会计资料及反映的受托经济责任履行情况，会计资料是审计的直接审查对象。会计是产生审计的基础，审计是会计的质量保障。两者彼此渗透、融会，但二者又是两门独立的学科。审计标准、审计证据与会计有着密切的联系，表现在审计标准的制定和审计证据的取得绝大多数依赖于会计资料。同时，它们的目的是一致的，业务虽不同，但都是以维护财经法纪、加强经营管理、提高经济效益为最终目的。

但随着审计的发展，审计和会计的区别越来越突出，主要表现在以下几个方面：

（1）产生的基础不同

会计是为了加强经济管理，适应对劳动耗费和劳动成果进行核算和分析的需要而产生的；审计是因经济监督的需要，即是为了确定经营者或其他受托管理者的经济责任的需要而产生的。

（2）目的不同

会计目标亦称会计目的，是要求会计工作完成的任务或达到的标准。会计目标是指会计工作所要达到的终极目的，是评价企业会计工作是否有效合理的标准。会计管理活动的特点是价值管理，是对价值运动的管理，以提高经济效益作为最终目标。审计的目的是通过审计财政、财务收支的真实性、合法性和效益性，达到维护国家财政经济秩序、促进廉政建设、保障国民经济健康发展的目的。

（3）依据的标准不同

会计核算的一般原则是进行会计核算的指导思想和衡量会计工作成败的标准。会计核算的一般原则有十三条，可以归纳为三类：一类是衡量会计质量的一般原则，一类是确认和计量的一般原则，一类是起修正作用的一般原则。审计标准是查明审计客体的行为规范，据以做出审计结论、提出处理意见和建议的客观尺度，如审计准则与审计指南等。

（4）职能不同

会计的基本职能是对经济活动过程的记录、计算、反映和监督；审计的基本职能是监督，此外还包括评价和公证。会计虽说也具有监督职能，但这种监督是一种自我监督的行为，主要通过会计检查来实现。会计检查或查账，只是检查账目的意思，主要针对会计业务活动本身。而审计，既包含了检查会计账目，又包括了对计算行为及所有的经济活动进行实地考察、调查、分析、检验，即含审核稽查计算之意。会计检查只是各个单位财会部门的附带职能，而审计是独立于财务和会计之外的专职监督检查。

（5）工作程序和选用的方法不同

会计方法是指用来核算和监督会计对象、执行会计职能、实现会计目标的手段。会计方法是人们在长期的会计工作实践中总结创立的，它随着生产的发展和会计管理活动的复杂化而逐渐完善。会计方法包括核算、分析、监督、预测、控制和决策这六种具体方法。审计方法是指审计人员为了行使审计职能、完成审计任务、达到审计目标所采取的方式、手段和技术的总称。按审查书面资料的技术不同，可分为核对法、审阅法、调节法、比较法、分析法等；按审查资料的顺序不同，可分为逆查法和顺查法；按审查资料的范围不同，可分为详查法和抽查法。

（二）审计的特征

无论我国还是西方国家都承认，审计的独立性是审计的基本特征，不具备独立性的经济监督活动，如财政、税务、工商等行政管理部门所从事的监督活动，不能称为审计。由审计的独立性引申出审计的权威性。因此审计具有两个基本特征：独立性与权威性。

1. 独立性

审计的独立性指审计机构和审计人员依法独立行使审计监督权,不受其他行政机关、社会团体和个人的干涉。这是审计的本质特征,也是保证审计工作顺利进行的必要条件。审计的独立性主要体现在以下几个方面:

(1)机构及人员独立

审计机构应是独立设置的专职机构,审计机构及人员独立于被审计人和审计委托人,同时独立于其他机构。

(2)经济独立

审计机构应有专门的经费来源,以保证能独立自主地进行审计工作,不受被审计单位的牵制。审计人与被审计人应当不存在任何经济利益关系,审计人不参与被审计单位的经营管理活动。如果审计人员与被审单位或审计事项有利害关系,应当回避。

(3)精神独立

审计人员依法独立行使审计监督权,独立进行审查,做出审计判断,并提出审计报告,任何单位及个人不得干涉。审计人员执行审计工作时保持精神上的独立,自觉抵制各种干扰,进行客观公正的审计。

2. 权威性

审计组织的权威性是指审计机构在宪法中具有明确的法律地位,依法独立行使职权,不受任何干涉,是审计监督正常发挥作用的重要保证。审计的权威性主要来自两个方面:一方面是法律赋予的权威,另一方面是审计人员自身工作树立的权威。

各国为了保证审计的权威性,分别通过了《公司法》《商法》《证券交易法》《破产法》等,从法律上赋予审计在整个市场经济中的经济监督权。一些国际组织为了提高审计的权威性,通过协调各国的审计制度、准则、标准,使审计成为一项世界性的专业服务,增加了各国会计信息的一致性和可比性。

审计人员均具有较高的专业知识水平和政治素质,加之审计职业规范体系对审计人员执行审计业务也做了严格要求,这就保证了其所从事的审计工作具有较高的准确性、科学性。因此,审计人员的工作结果具有一定的社会权威性,使得经济利益不同的各方乐于接受。

(三)审计的目标

审计目标是指人们在特定的社会历史环境中,期望通过审计实践活动达到的最终结果,或者说是指审计活动的目的与要求。一般来说,各类审计目标都必须满足其服务领域的特殊需要，无论是国家审计、内部审计还是社会审计，它们都具有各自相对独立的审计目标。审计目标的确定，除受审计对象的制约以外，还取决于审计社会属性、审计基本职能和审计授权者或委托者对审计工作的要求。

审计目标总体概括起来就是指审查和评价对象的真实性和公允性、合法性和合规性、合理性和效益性。

1. 真实性、公允性目标

审计的首要目标是评价被审计单位提供的反映其履行受托经济责任情况的会计资料和其他有关文件资料的真实性、公允性，查明这些资料是否如实地、恰当地反映被审方财务收支及其结果以及经济活动的真相，尽可能地防止错误的发生，从而做出纠正的意见和建议。国家审计偏重于审查真实性，民间审计偏重于审查公允性。

2. 合法性、合规性目标

审计的另一目标是评价被审计单位财务收支及其有关经营管理活动的合法性、合规性，借以评价其财务收支及其有关的经营活动是否符合法律、法规、会计准则、经济合同的规定，防止违法、违规、违纪行为的发生，促进被审单位及国民经济的健康发展。国家审计及民间审计侧重对被审单位合法性的审查。

3. 合理性、效益性目标

审计的再一具体目标是评价被审计单位的财务收支及其有关经营管理活动的合理性、效益性，借以评价被审方受托管理经济资源的经营管理是否符合经济性原则、节约原则，企业的经济活动是否符合事物发展的常理、是否符合经营管理的规律与趋势。同时，评价被审单位受托经济资源的运用是否有效率，计划、预算或经营目标的实现程度怎么样，内部控制系统是否正常运行，经济活动是否有效益，找出薄弱环节，并提出建设性意见。内部审计侧重对被审计对象合理性、效益性的审查。

（四）审计的对象

审计的对象是审计监督的内容和范围的概括。正确认识审计的对象有利于正确理解审计概念、正确运用审计方法和进一步发挥审计职能。

要理解审计的对象，必须明确与审计对象有关的基本问题：一是审计的主体，审计的主体是指审计机构和审计人员，即实施审计活动的执行者；二是审计的客体，是指审计活动监督的客体，即被审单位，也是广义的审计对象；三是审计的对象，即审计活动具体针对的内容，即形成审计证据的各种信息载体及经济活动。

1. 被审计单位的财政、财务收支活动及经营管理活动

不论是传统审计还是现代审计，不论是国家审计还是民间审计、内部审计，都要求以被审计单位客观存在的财政财务收支及有关的经营管理活动为审计对象,对其是否真实、合法、公允等进行审查和评价,以便确认其所负的受托经济责任是否认真履行。国家审计的对象为国务院各部门和地方各级政府及其各部门的财政收支、国有金融机构和企事业单位的财务收支。内部审计的对象为本部门、本单位的财务收支及其他有关的经济活动。民间审计的对象为委托人指定的被审计单位的财务收支及有关的经营管理活动。

2. 被审计单位的财务报表及其他相关资料

被审计单位的财务收支及有关的经营管理活动需要通过财务报表和其他资料等信息载体反映出来。因此,审计对象还包括记载和反映被审计单位财务收支、提供会计信息载体的会计凭证、账簿、报表等会计资料以及有关计划、预算、经济合同等其他资料。作为被审计单位的经营管理活动信息的载体,除上述会计资料、统计资料等资料外,还有经营目标、预测及决策方案、经济活动分析资料、技术资料等其他资料,电子计算机存储的信息等信息载体,这些都构成审计的具体对象。

综上所述,审计的对象是指被审计单位的财务收支及有关的经营管理活动以及作为这些经济活动信息载体的财务报表和其他有关资料。因此,会计资料及其他相关资料是审计对象的现象,其反映了被审计单位的财政、财务收支及有关的经济活动。

二、审计的种类

按照一定的标准,将性质相同或相近的审计活动归属于一种审计类型的做法,即为审计分类。对审计进行科学的分类,有利于加深对各种不同审计活动的认识,探索审计规律;有利于更好地组织审计工作,充分发挥审计的作用。理解审计的分类,是有效进行审计工作的一个重要条件。

审计分类的一般方法是:首先提出分类的标志,并根据每一种标志,确定归属其下的某几种审计;然后按照一定的逻辑程序,将各类审计有秩序地排列起来,形成审计类型的群体。审计分类的标准很多,因此有许多不同的种类。参照国际审计分类的惯例,结合我国经济特征和审计监督的特点对审计进行分类。

(一)审计的基本分类

1. 按照审计主体分类

按照不同的审计主体,审计可分为国家审计、民间审计及内部审计。

（1）国家审计

国家审计一般是指国家组织和实施的审计，确切地讲是国家专设的审计机关所进行的审计，也称政府审计。我国国务院审计署及派出机构和地方各级人民政府审计厅（局）所组织和实施的审计，均属于国家审计。我国国家审计机关代表政府实行审计监督，依法独立行使审计监督权。审计署有权对中央预算执行情况进行审计监督，而地方各级审计机关，也有权对本级政府预算执行情况进行审计监督；国家审计机关可以对中央银行的财务收支进行审计监督，同时，可以对国有金融机构、国有资产占控股地位或者主导地位的企业、国家建设项目，以及其他与国计民生有关的项目进行审计监督。国家审计机关还有要求报送资料权、监督检查权、调查取证权、建议纠正有关规定权、向有关部门通报或向社会公布审计结果权、经济处理权、处罚权等多项权力。同时，国家审计机关还可以进行授权审计和委托审计。

（2）民间审计

民间审计是指由社会注册会计师所进行的独立审计，也称社会审计。我国民间审计组织主要是会计师事务所。会计师事务所主要承办海内外企业、集体所有制企业、个体企业的财务审计和管理咨询业务；也接受国家审计机关、政府其他部门、企业主管部门和企事业单位的委托，办理经济业务鉴证、纳税申报、资本验证、可行性方案研究、解散清理以及财务收支、经济效益、经济责任等方面的审计工作。

（3）内部审计

内部审计是指由本部门和本单位内部专职的审计组织，对系统内和单位内的业务所实施的审计。该种审计属于内部审计，其审计组织独立于财会部门之外，直接接受本部门、本单位最高负责人领导，并向他报告工作。审计的主要目的是查错防弊，改善经营，以提高管理素质、工作效率及经济效益。内部审计所涉及的范围广泛，其审计方式也较为灵活，一般是根据本部门和本单位经营管理的需要而定。该种审计可以进一步分为部门审计和单位审计。

2.按照审计内容和目的分类

按照审计的目的和内容，审计可分为财政财务审计、财经法纪审计和经济效益审计。

（1）财政财务审计

财政财务审计，也称为传统审计，在西方国家叫作财务审计或依法审计。它是指对审计单位财政财务收支活动和会计资料是否真实、正确、合法和有效所进行的审计。财政财务审计的主要内容是财政财务收支活动，目的是审查财政财务收支活动是否遵守财经方针、政策、财经法令和财务会计准则、会计原则,是否按照经济规律办事,借以纠正错误,防止弊病,并根据审计结果,提出改进财政财务管理、提高经济效益的建议和措施。财政财务审计不仅要审核检查被审计单位的会计资料,而且要审核检查被审计单位的各项资金及其运动。财政财务审计,按照它的对象不同,又可分为财政预算审计、财政决算审计和财务收支审计。

（2）财经法纪审计

财经法纪审计,是对国家政府机关和企事业单位严重违反财经法纪行为所进行的专案审计。对严重违反国家现金管理制度、结算制度、信贷制度、税利上交规定等活动所进行的审计,均属于财经法纪审计。财经法纪审计的重点是揭露各种舞弊、侵占社会主义资财的事项,揭露使国家和集体资产造成重大损失浪费的各种失职渎职行为。其主要目的,是检查国家方针、政策、法令、制度、执行法规和财经纪律的执行情况,揭露违法乱纪现象。其任务是审查被审计单位贯彻执行财经法纪情况及发现存在问题,彻底查明各种违法乱纪案件,并根据审计结果,提出处理建议和改进财政、财务管理的意见。财经法纪审计是我国国家审计机关主要的工作方向。

（3）经济效益审计

经济效益审计,是以审查评价实现经济效益的程度和途径为内容、以促进经济效益提高为目的所实施的审计。经济效益审计的主要对象是生产经营活动和财政经济活动所取得的经济效果或效率,它通过对企业生产经营成果、基本建设效果和行政事业单位资金使用效果的审查,评价经济效益的高低、经营情况的好坏,并进一步发掘提高经济效益的潜力和途径。经济效益审计,不仅是国家审计的一项重要目标,也是内部审计的主要目标和日常工作的内容。我国的经济效益审计,类似于国外的绩效审计或"三 E"审计,包括了经营审计和管理审计部分内容。经营审计一般称为业务经营审计,是对企业供、产、销等业务经营活动进行的审核检查,以进一步挖掘潜力,提高经济效益。管理审计,则是审核检查管理能力和水平,评价管理素质的一种经济效益审计。

（二）审计的其他分类

1.按实施时间分类

（1）事前审计

事前审计是指在被审计单位经济业务实际发生以前所进行的审计,例如:政府审计机关对财政预算编制的合理性、重大投资项目的可行性等进行的审查;会计师事务所对企业盈利预测文件的审核;内部审计组织对本企业生产经营决策和计划的科学性与经济性、经济合同的完备性所进行的评价。开展事前审计,有利于被审计单位进行科学决策和管理,保证未来经济活动的有效性,避免因决策失误而遭受重大损失。

(2)事中审计

事中审计是指在被审计单位经济业务执行过程中进行的审计,如对预算执行审计、基本建设工程跟踪审计、信息系统运行有效性审计、内部控制运行有效性审计等。通过这种审计,能够及时发现和反馈问题,纠正偏差,从而保证经济活动按预期目标合法合理和有效地进行。

(3)事后审计

事后审计是指在被审计单位经济业务完成之后进行的审计。大多数审计活动都属于事后审计。如上市公司的年度财务报表审计、领导干部任期经济责任审计、决算审计等。

2.按技术模式分类

审计按照技术模式,可以分为账项基础审计、制度基础审计和风险导向审计三种。这三种审计技术模式代表着审计技术的进步与发展,但现实中这三种技术模式往往同时采用。

(1)账项基础审计

账项基础审计是指以会计信息为基础,通过审查会计资料,收集有关审计证据,从而形成审计意见的一种审计模式。审计目标是查错防弊。审计方法主要是详细审计,即对大量的凭证、账簿、财务报表等进行逐项审查。其优点是这种取证方式可以直接取得具有实质性意义的审计证据;缺点是在审计范围和审计目标发生巨大变化的条件下,无法兼顾审计质量和审计效率两方面的要求。

(2)制度基础审计

制度基础审计是指从评价被审计单位内部控制入手,根据内部控制风险的评估结果,确定实质性测试的审查范围和重点,从而获取审计证据,形成审计意见的一种模式。由于公司规模扩大,财务报表审计无法采用传统的详细审计,因而改为抽查的方式。其优点是根据内部控制的评估结果确定实质性程序的范围和重点,较好地适应了审计环境和审计目标的变化,提高了审计质量和效率。其缺点是内部控制的可依赖程序与实质性程序所需要的检查工作之间缺乏量化关系;或者即使被审计单位建立了完善的内部控制,如果管理人员不执行,内部控制的有效性也难以保证。

（3）风险导向审计

风险导向审计是指通过对被审计单位各种因素包括企业环境和企业经营进行充分评估分析，将审计风险模型融入传统审计方法中，获取审计证据，形成审计结论的一种模式。风险导向审计立足于对风险进行系统的分析和评估，在此过程中不仅包括对控制风险的评估，还包括对审计各个环节的风险进行评估。这种方法既可以提高审计效率，也可以保证审计质量，但具有一定的难度。

3. 按实施范围分类

审计按其范围可以分为全部审计、局部审计。

（1）全部审计

全部审计又称全面审计，是指对被审计单位一定期间的财政财务及有关经济活动的各个方面及其资料进行全面的审计。这种审计的业务范围较广，涉及被审计单位的会计资料及其经济资料所反映的采购、生产、销售、各项财产物资、债权债务、资金和利润分配、税款缴纳等经济业务活动。其优点是审查详细彻底；缺点是工作量太大，花费时间长。全部审计一般适合规模较小、业务较简单、会计资料较少的行政事业单位和企业。

（2）局部审计

局部审计又称部分审计，是指对被审计单位一定期间的财政财务收支或经营管理活动的某些方面及资料进行部分的、有目的、有重点的审计，如对被审计单位的货币资金审计、存货审计、收支两条线审计等，或者是对部分经济业务的审查。另外，为某一特定项目所进行的审计，即专题审计，如基建资金审计、扶贫资金审计等也属于局部审计的一种。这种审计时间较短、耗费较少，能及时发现和纠正问题，达到预定的审计目的和要求，但容易遗漏问题，所以有一定的局限性。

4. 按执行地点分类

审计按执行地点，可以分为报送审计和就地审计。

（1）报送审计

报送审计也称送达审计，是指审计机构按照审计法规的规定，对被审计单位按期报送来的凭证、账簿和财务报表等资料进行审计。报送审计主要适用于政府审计机关对规模较小的单位进行的审计活动。这种方式的优点是省人力、物力，缺点是不能实地观察了解被审计单位的实际情况，不易从财务报表及相关资料外发现被审计单位的实际问题。

（2）实地审计

实地审计是指审计机构委派审计人员到被审计单位所在地进行审计。实地审计可以深入实际，调查研究，易于全面了解和掌握被审计单位的实际情况，是我国审计监督中使用最广泛的一种方式。

5. 按意愿程度分类

审计按意愿程度，可以分为强制审计和任意审计。

（1）强制审计

强制审计是指审计机构根据法律、法规规定对被审计单位行使审计监督权而进行的审计。这种审计是按照审计机构的审计计划进行的，不管被审计单位是否愿意接受审计，都应依法进行。我国政府审计机关根据法律赋予的权力，对国务院各部门和地方各级政府及各部门的财政收支、国有金融机构和国有企业等财务收支实行强制审计。

（2）任意审计

任意审计是根据被审计单位自身的需要，要求审计组织对其进行的审计。一般民间审计接受委托人的委托，按照委托人的要求对其进行的审计，就属于这种审计。任意审计是相对于强制审计而言的。

6. 按通告方式分类

审计按其在实施前是否预先告知被审计单位，可以分为预告审计和突击审计。

（1）预告审计

预告审计是指在进行审计以前，把审计目的、主要内容和日期预先通知被审计单位的审计。采用这种审计方式，可以使被审计单位有充分时间做好准备工作，以利于审计工作的顺利进行。一般来说，采用这种方式应事前向被审计单位下达审计通知书。

（2）突击审计

突击审计是指未预先通知被审计单位而进行的审计。其目的是使被审计单位或被审者在不知情的情况下接受审查，没有时间掩盖事实真相，以利于取得较好的审计效果。这种审计方式在财经法纪审计中运用得较多。

三、审计的职能和作用

（一）审计的职能

1. 经济监督

经济监督是审计的基本职能。审计的经济监督职能是由审计的性质决定的。通过审计，检查和督促被审计人的经济活动是否在规定的范围内沿着正常的轨道健康运行；检查受托经济责任人忠实履行经济责任的情况，借以揭露违法违纪，制止损失浪费，查明错误弊端，判断管理缺陷，进而追究经济责任。在审计实务中，审计机关和审计人员从依法检查到依法评价，从依法做出审计处理处罚决定到督促决定的执行，无不体现着审计的经济监督职能。

2.经济鉴证

经济鉴证是指审计人对被审计单位的财务报表及其他经济资料进行检查和验证，确定其财务状况和经营成果的真实性、公允性、合法性，并出具证明性审计报告，为审计授权人或委托人提供确切的信息，以取信于社会公众。比如，注册会计师接受委托并通过财务报表审计出具的审计报告就体现了审计的经济鉴证职能。又如，国家审计机关经授权提交的审计结果报告也体现了审计的经济鉴证职能。

3.经济评价

经济评价是指审计人对被审计人的经济资料及经济活动进行审查，并依据相应的标准对所查明的事实做出分析和判断，肯定成绩，揭露矛盾，总结经验，从而改善经营管理，寻求提高效率和效益的途径。审计人对被审计人的经营决策、计划、方案是否切实可行、是否科学先进、是否贯彻执行，内部控制系统是否健全、有效，各项经济资料是否真实、可靠，以及各项资源的利用是否合理、有效等诸多方面进行评价，以提出改善经营管理的建议。在现代审计事务中，效益审计最能体现审计的经济评价职能。

（二）审计的作用

1.防护性作用（制约、监督）

防护性作用是指通过对被审计单位的财务收支及其有关经济活动进行审查和监督，在保障国家财经法规和财务制度的遵守和执行方面起到制约、防护作用。

可以概括为两个方面：

（1）提示错误和舞弊

审计通过审查取证可以提示错误和舞弊，不仅可以纠正核算错误，提高会计工作质量，还可以揭露舞弊，保护财产的安全，堵塞漏洞，防止损失。

（2）维护财经法纪

在审查取证、提示各种违规违法行为的基础上，通过对过失人或犯罪嫌疑人的查处，能够纠正或防止违法行为，维护财经法纪。

2. 建设性作用（促进、服务）

建设性作用是指通过对被审计单位的财务收支及其他有关经济活动进行审查和评价，对被审计单位建立和健全内部控制、加强管理、提高经济效益起到促进作用。也可以概括为两个方向：

（1）改善经营管理

通过审查取证、评价提示经营管理中的问题和管理制度上的薄弱环节，提出改进建议，改善经营管理。

（2）提高经济效益

通过对被审计单位财务收支及其有关经营管理活动效益性的审查，评价受托经济责任，总结经验，指出效益低下的环节，提出改进意见和建议，改进生产和经营管理工作，提高经济效益。

第二节　审计的组织形式与审计方法

一、审计的组织形式

（一）政府审计机关

1. 政府审计机关及人员

国家审计机关分为议会领导、政府领导、财政部领导三种。我国的国家审计机关由政府领导，所以在我国"国家审计"又可称为"政府审计"。政府审计机关是指代表政府依法行使审计监督权的行政机关。政府审计机关实行统一领导、分级负责。国家审计机关的专业人员主要由熟悉会计、审计、财务、税务等业务的专职人员构成。审计署隶属于国务院，审计长一人，由国务院总理提名，全国人民代表大会决定国家主席任免；副审计长若干，由国务院任免。地方各级审计机关负责人由本级人民代表大会决定任免，副职由本级人民政府决定任免。

审计署向重点地区、城市和计划单列市派出人员代表审计署执行审计业务。

2. 政府审计机关职责、权限

实行审计监督制度，国务院和县级以上地方人民政府设立审计机关。各级审计机关对国务院各部门和地方各级人民政府及其各部门的财政收支，国有金融机构和企事业组织的财务收支，以及其他应当接受审计的财政、财务收支的真实性、合法性和效益性依法进行审计监督。

政府审计是高层次的经济监督,遵循合法性、独立性和强制性三个活动原则。

（1）政府审计机关的职责

我国审计机关的职责包括：

第一,审计机关对本级各部门（含直属单位）和下级政府预算的执行情况和决算情况以及其他财政收支情况,进行审计监督。

第二,审计署在国务院总理领导下,对中央预算执行情况和其他财政收支情况进行审计监督,向国务院总理提出审计结果报告。

第三,审计署对中央银行的财务收支进行审计监督。审计机关对国有金融机构的资产、负债、损益进行审计监督。

第四,审计机关对国家的事业组织和使用财政资金的其他事业组织的财务收支,进行审计监督。

第五,审计机关对国有企业的资产、负债、损益进行审计监督。对国有资本占控股地位或者主导地位的企业、金融机构的审计监督内容,由国务院规定。

第六,审计机关对政府投资和以政府投资为主的建设项目的预算执行情况和决算,进行审计监督。

第七,审计机关对政府部门管理的和其他单位受政府委托管理的社会保障基金、社会捐赠资金以及其他有关基金、资金的财务收支,进行审计监督。

第八,审计机关对国际组织和外国政府援助、贷款项目的财务收支,进行审计监督。

第九,审计机关按照国家有关规定,对国家机关和依法属于审计机关审计监督对象的其他单位的主要负责人,在任职期间对本地区、本部门或者本单位的财政收支、财务收支以及有关经济活动应负经济责任的履行情况,进行审计监督。

第十,审计机关对其他法律、行政法规规定应当由审计机关进行审计的事项,依照审计法和有关法律、行政法规的规定进行审计监督。

第十一,审计机关对与国家财政收支有关的特定事项,向有关地方、部门、单位进行专项审计调查,并向本级人民政府和上一级审计机关报告审计调查结果。

（2）政府审计机关的权限

审计机关权限的规定如下：

①要求提报资料权

审计机关有权要求被审计单位按照审计机关的规定提供预算或者财务收支计划、预算执行情况、决算情况、财务会计报告,运用电子计算机储存、处理的财政收支、财务收支电子数据和必要的电子计算机技术文档，在金融机构开立账户的情况，社会审计机构出具的审计报告，以及其他与财政收支或者财务收支有关的资料，被审计单位不得拒绝、拖延、谎报。被审计单位负责人对本单位提供的财务会计资料的真实性和完整性负责。

②检查权

审计机关进行审计时，有权检查被审计单位的会计凭证、会计账簿、财务会计报告和运用电子计算机管理财政收支、财务收支电子数据的系统，以及其他与财政收支、财务收支有关的资料和资产，被审计单位不得拒绝。

③调查、查询权

审计机关进行审计时，有权就审计事项的有关问题向有关单位和个人进行调查，并取得有关证明材料。有关单位和个人应当支持、协助审计机关工作，如实向审计机关反映情况，提供有关证明材料。

审计机关经县级以上人民政府审计机关负责人批准，有权查询被审计单位在金融机构的账户，审计机关有证据证明被审计单位以个人名义存储公款的，经县级以上人民政府审计机关主要负责人批准，有权查询被审计单位以个人名义在金融机构的存款。

④制止权

审计机关进行审计时，被审计单位不得转移、隐匿、篡改、毁弃会计凭证、会计账簿、财务会计报告以及其他与财政收支或者财务收支有关的资料，不得转移、隐匿所持有的违反国家规定取得的资产。

审计机关对被审计单位违反前款规定的行为，有权予以制止；必要时，经县级以上人民政府审计机关负责人批准，有权封存有关资料和违反国家规定取得的资产；其中在金融机构的有关存款需要予以冻结的，应当向人民法院提出申请。

审计机关对被审计单位正在进行的违反国家规定的财政收支、财务收支行为，有权予以制止；制止无效的，经县级以上人民政府审计机关负责人批准，通知财政部门和有关主管部门暂停拨付与违反国家规定的财政收支、财务收支行为直接有关的款项，已经拨付的，暂停使用。审计机关采取前两款规定的措施不得影响被审计单位合法的业务活动和生产经营活动。

⑤建议权

审计机关认为被审计单位所执行的上级主管部门有关财政收支、财务收支的规定与法律、行政法规相抵触的，应当建议有关主管部门纠正；有关主管部门不予纠正的，审计机关应当提请有权处理的机关依法处理。

⑥通报、公告权

审计机关可以向政府有关部门通报或者向社会公布审计结果。审计机关通报或者公布的审计结果，应当依法保守国家秘密和被审计单位的商业秘密，遵守国务院的有关规定。

⑦提请协助权

审计机关履行审计监督职责，可以提请公安、监察、财政、税务、海关、价格、工商行政管理等机关予以协助。

（二）民间审计组织

1.我国民间审计组织及人员

（1）审计组织

民间审计组织是指根据国家法律或条例规定，经政府有关部门审核批准，注册登记的会计师事务所。1981年1月1日成立了恢复注册会计师审计制度后的第一家会计师事务所(上海会计师事务所)，从此我国的社会审计机构迅速发展壮大。目前，我国会计师事务所主要采取三种形式：普通合伙制、有限责任公司制、特殊普通合伙制，西方国家还有独资及有限责任合伙制会计师事务所。

①普通合伙制

普通合伙制会计师事务所是由两名或两名以上注册会计师共同出资设立的，共同经营，共担风险。合伙人以各自的财产对事务所的债务承担无限连带责任。其优点是有利于增强注册会计师的风险意识和业务拓展的能力，缺点是任何一个合伙人的执业失误都有可能导致整个事务所遭受灭顶之灾，而且在事务所规模扩大到一定程度后不便于进行内部的管理。

②有限责任公司制

有限责任公司制会计师事务所是由若干名注册会计师通过认购股份组成的具有法人资格的事务所。注册会计师以其认购的股份对会计师事务所承担有限责任，而会计师事务所以其全部资产对其债务承担有限责任。成立有限责任公司制的事务所有利于筹集资本，能较快扩大事务所的经营规模，但不利于强化对注册会计师不当执业行为的约束，从而淡化了注册会计师的风险意识和职业责任感。

③特殊普通合伙制

我国现行的特殊普通合伙制会计师事务所，在性质上相当于西方国家的有限责任合伙制会计师事务所。采用特殊普通合伙制组织形式的会计师事务所，一个合伙人或者数个合伙人在执业活动中因故意或重大过失造成合伙企业债务的，应该承担无限责任或者无限连带责任，其他合伙人以其在合伙企业中的财产份额为限承担责任。合伙人在执业活动中非因故意或者重大过失造成的合伙企业债务以及合伙企业的其他债务，由全体合伙人承担无限连带责任。

（2）审计人员

通过注册会计师全国统一考试的专业阶段考试和综合阶段考试，取得全科合格证，就可以申请成为中国注册会计师协会的非执业会员。如果有在会计师事务所两年以上的相关工作经验，可以申请注册，成为执业会员。

具有下列条件之一的中国公民，可报名参加考试：①高等专科以上学校毕业的学历；②会计或者相关专业（相关专业是指审计、统计、经济。下同）中级以上专业技术职称。目前我国实行的是6+1结构的考试制度，"6"即会计、审计、财务成本管理、经济法、税法、公司战略及风险管理，强调的是各个专门学科、专门领域的知识，是初步的技能；"1"即综合阶段考试，重点考查运用各种专业知识来解决实际问题的技能。通过注册会计师考试之后，还需要加入会计师事务所工作两年，才能成为一名执业注册会计师。如果不在事务所工作，也可以在工商企业、政府机关、学术机构等工作，申请成为非执业注册会计师。

2.民间审计业务范围

民间审计，即社会审计组织接受委托承办的具体业务项目。注册会计师依法承办审计业务和会计咨询、会计服务业务。此外，还根据委托人的委托，从事审阅业务、其他鉴证业务和相关服务业务。具体包括：①审查企业会计报表，出具审计报告；②验证企业资本，出具验资报告；③办理企业合并、分立、清算事宜中的审计业务，出具有关的报告；④法律、行政法规规定的其他审计业务。例如：离任审计、债券发行审计、任期经济责任审计等；⑤审阅业务。注册会计师业务范围由法定业务向其他领域拓展，审阅程序简单，保证程度有限，审阅成本较低；⑥其他鉴证业务。例如内部控制审核、预测性财务信息审核、系统鉴证等；⑦相关服务包括商定财务信息执行程序、代编财务信息、进行税务服务、提供会计服务和管理咨询业务等。

审计业务是法定业务，非CPA不得承办，必须保持一定的独立性。相关服务业务不能像鉴证业务一样对注册会计师独立性提出要求。

（三）内部审计机构

1.审计机构及人员

（1）内部审计机构

内部审计指部门或单位内部独立的审计机构或审计人员对本部门或本单位进行

的审计。内部审计机构包括部门内部审计机构和单位内部审计机构。部门内部审计机构,指国务院和县以上地方各级政府按行业划分的业务主管部门设置的专门审计机构。单位内部审计机构,指国有金融机构、国家企业事业等单位设置的专门机构。

国际上,内部审计机构按照领导方式不同可以分为三种:董事会或其所属的审计委员会领导、企业总裁或总经理领导、企业主管财务副总裁或总会计师领导。内部审计不同于一般的会计稽核,我国内部审计机构不受财会部门负责人领导,而受本单位负责人领导。内部审计具有服务上的内向性和审查范围的广泛性。

（2）审计人员

任免内部审计机构的负责人,应当事前征求上级主管部门或单位的意见,内部审计人员应当具备必要的专业知识。内部审计人员专业技术职务资格的考评和聘任,需按照国家有关规定执行。内部审计人员中除熟悉会计、财务、审计的专业人员以外,也可视工作需要配备其他专业人员,如经济师、工程师、律师等。

国际注册内部审计师考试有三个内容,第一部分:内部审计基础,具体包括:内部审计强制性指南、内部控制与风险、审计工具与技术等。第二部分:内部审计实务,具体包括:管理内部审计职能、管理单项审计业务、舞弊风险与控制等。第三部分:内部审计知识要素,具体包括:治理与商业道德、风险管理、组织结构、业务流程和风险、沟通、管理与领导规则、业务连续性、财务管理、全球化经营环境等。

具备下列条件之一者,可报名参加国际注册内部审计师考试:①具有本科及本科以上学历;②具有中级及中级以上专业技术资格;③持有注册会计师证书或非执业注册会计师证书;④全日制本科院校审计、会计及相关专业四年级学生。

报考资格的审查和确认由设立考点的各省、自治区、直辖市和计划单列市内部审计师协会及其下属机构负责,并报中国内部审计协会备案。

2. 内部审计机构的职责、权限

国务院各部门和地方人民政府各部门、国有的金融机构和企业事业组织,应当按照国家有关规定建立健全内部审计制度。各部门、国有的金融机构和企业事业组织的内部审计,应当接受审计机关的业务指导和监督。内部审计机构按照本单位主要负责人或者权力机构的要求,履行下列职责及权限:

（1）主要职责

①对本单位及所属单位(含占控股地位或者主导地位的单位,下同)的财政收支、财务收支及其有关的经济活动进行审计;②对本单位及所属单位预算内、预算外资金的管理和使用情况进行审计;③对本单位内设机构及所属单位领导人员的任期经

济责任进行审计；④对本单位及所属单位固定资产投资项目进行审计；⑤对本单位及所属单位内部控制制度的健全性和有效性以及风险管理进行评审；⑥对本单位及所属单位经济管理和效益情况进行审计；⑦法律、法规规定和本单位主要负责人或者权力机构要求办理的其他审计事项。

（2）主要权限

①要求被审计单位按时报送生产计划、经营计划、财务收支计划、预算执行情况、决算资料、会计报表和其他有关文件、资料；②参加本单位有关会议，召开与审计事项有关的会议；③参与研究制定有关的规章制度，提出内部审计规章制度，由单位审定公布后施行；④检查有关生产、经营和财务活动的资料、文件和现场勘察实物；⑤检查有关的计算机系统及其电子数据和资料；⑥对与审计事项有关的问题向有关单位和个人进行调查，并取得证明材料；⑦对正在进行的严重违法违规、严重损失浪费行为，做出临时制止决定；⑧对可能转移、隐匿、篡改、毁弃会计凭证、会计账簿、会计报表以及与经济活动有关的资料，经本单位主要负责人或者权力机构批准，有权予以暂时封存；⑨提出纠正、处理违法违规行为的意见以及改进经济管理、提高经济效益的建议；⑩对违法违规和造成损失浪费的单位和人员，给予通报批评或者提出追究责任的建议。

二、审计的基本方法

（一）书面资料的检查方法

审计中，大量接触到的是书面会计资料，如何检查这些会计资料的真实性、准确性和完整性，常用的检查方法有：

1. 审阅法

审阅法是指审计人员通过对有关书面资料的仔细阅读，来查明有关资料及所反映的经济活动是否合法、合理和有效。审阅的内容可以分为两类：一类是会计资料，包括会计凭证、会计账簿、会计报表。其中会计凭证的审阅，一方面是形式审查，查看原始凭证要素是否齐备，有无涂改迹象，有关人员的签章、财务专用章或收付戳记等是否符合要求；另一方面是实质审查，查看摘要内容是否与实际业务一致，记账凭证上有关账户之间的对应关系是否正常、业务活动有无异常，等等。在会计账簿的审阅中，明细账和日记账是审查的重点，对容易发生错弊的账户如往来账、费用账等，审阅时应特别予以关注。会计报表的审阅，主要审查报表的编制是否符合会计准则，项目及数据的增减变动有无异常现象，被审计单位的重大会计事项如会计处理方法的变更是否在报表的附注中充分揭示等。另一类是会计资料以外的其他经济信息资料和相关资料。审阅法是最基本、最重要的审计方法，是任何审计都需要运用而且是一开始就必须运用的审计方法。通过审阅有关资料，可以收集审计证据，也可以为进一步审计提供线索。

但在应用审阅法时，应注意：一是同其他方法结合进行。如适当复核、核对有关数据资料等，单纯地审阅有时是难以发现问题的；二是审阅资料的全部内容，包括资料本身应具备的要素、有关文字说明和数字等；三是记录并适当分析发现的疑点和线索，必要时应随时核实；四是运用一定的符号来标明哪些资料已进行了初步审查。

在审阅过程中，审计人员可根据被审计单位的不同情况，分别采用下列方法：

（1）顺查法和逆查法

顺查法又称为正查法，是按照会计核算的处理顺序，依次对证、账、表各个环节进行审查的一种方法。其主要特征：一是从审查原始凭证出发，着重审查和分析经济业务是否真实、正确、合法；二是审查记账凭证，查明会计科目处理、数额计算是否正确、合规；三是审查会计账簿，查明记账、过账是否正确，核对账证、账账是否相符；四是审查会计报表，查明报表各项目是否正确完整，核对账表、表表是否相符。顺查法的主要优点是审查全面而仔细，可以避免遗漏，做出较准确的审计结论。其缺点是面面俱到，不能突出重点，工作量太大，耗费人力、时间太多。因此，该方法除了用于审计管理特别混乱、业务量很少的单位或已发现有严重问题的单位或特别重要、风险大的审计项目外，其余场合一般不宜采用。

逆查法又称为例查法或溯源法，是按照与会计核算相反的处理程序，依次对表、账、证各个环节进行审查的一种方法。其主要特征：一是从审查被审计单位会计报表出发，从中发现和找出异常和有错弊的项目，据此确定下一步审查的重点；二是根据确定的可疑项目，追溯审查会计账簿，进行账表、账账核对；三是进一步追查记账凭证和原始凭证，进行证证核对，以便查明主要问题的真相和原因。逆查法的主要优点是能从全局出发，从大处着手，抓住问题的实质，又可以节省人力和时间，提高工作效率。其缺点是不能全面地审查问题，易有遗漏，难以做出十分准确的审计结论。因此，除了对某些管理非常混乱的单位的审计，以及某些特别重要和风险大的审计项目的审计不能采用外，其余场合均能采用。

（2）详查法和抽查法

详查法，是指对被审计单位审计时间范围内全部会计资料进行检查的方法。主要适用于规模小、业务量少的单位以及管理混乱、问题严重的单位。

抽查法,是指从被审查的会计资料中(主要是指会计凭证),按照一定的方法,选取一定数量的样本进行检查,并根据抽查结果来推断总体特征的一种检查方法。常用的抽样方法有两种:

①随机抽样法

是指应用概率论和数理统计来确定样本量,对样本结果进行评估,并推断总体特征的一种方法。在没有发现被审计单位存在明显薄弱环节的情况下,可采用此方法。

②判断抽样法

是指审计人员根据专业判断来确定样本量、选取样本和对样本结果进行评估而推断总体特征的一种方法。

2. 核对法

核对法是将会计记录及其相关资料中两处以上的同一数值或相关数据相互对照,用以验明内容是否一致、计算是否正确的审计方法,其目的是查明证、账、表之间是否相符,证实被审单位财务状况和财务成果的真实、正确、合法。一般要在下列资料间核对:

(1)原始凭证与有关原始凭证

原始凭证与汇总原始凭证,记账凭证与汇总记账凭证(或科目汇总表)。核对内容是所附或有关的原始凭证数量是否齐全,日期、业务、内容、金额同记账凭证上的会计科目及金额是否相符,原始凭证之间、记账凭证同汇总记账凭证之间内容上是否一致。

(2)凭证与账簿

核对凭证的日期、会计科目、明细科目、金额同账簿记录内容是否一致;汇总记账凭证(或科目汇总表)与记入总账的账户、金额、方向是否相符。

(3)明细账同总分类账

主要核对期初余额、本期发生额和期末余额是否相符。

(4)账簿与报表

以总账或明细账的期末余额或本期发生额为依据,核对账户记录同有关报表项目是否相符。

(5)报表与报表

核对报表是否按制度规定要求编制,报表之间的相应关系是否正确。

(6)会计资料与其他资料

如银行存款日记账与银行对账单核对,出入库记录与计算、结转成本的会计记录核对等。

（7）账实核对

即将实物账簿记录、实物资产卡片与实物监盘相互核对，通常需配合监盘方法进行。

核对中如发现错误或疑点，应及时查明原因。特别需要指出的是，采用核对法作为证据的资料必须真实正确，否则核对是毫无意义的。当缺乏依据时，相互核对的数据应至少有两个不同来源，并使其核对相符。

3. 查询法

查询法，是指审计人员对与审计事项有关的单位和个人进行书面或口头询问，从而验证其他审计证据或为取得新的审计证据提供线索的一种方法。

查询又可分为面询和函证。

面询，是指审计人员就有关问题直接找有关人员询问并经被询问人在询问记录上签字的一种方法。如对可疑账项或异常情况、内部控制制度、经济效益等的审查，都可以向有关人员提出口头或书面的询问。函证，是指审计人员向有关单位或个人发函以证明某一审计事项的一种方法。这种方法多用于往来款项的查证，是认证债权债务的必要手段，对于被审单位是银行、保险公司、法律顾问处和其他单位的情况，也可采用这种办法核对认证。函证法有很强的核对性，在查证方面非常有效，是审计工作必不可少的重要一环。

4. 分析法

审计人员应善于对审计结果进行分析。经济活动的分析方法主要有比较分析法、因素分析法和趋势分析法。

（1）比较分析法

比较分析法，是指将某项财务指标与性质相同的指标、标准进行对比，揭示单位财务状况和经营成果。比较分析法又可分为相对数比较分析法和绝对数比较分析法两种。

相对数比较分析法，是指通过被审计项目的百分比、比率或比重结构等相对数指标的对比来揭示差异并分析问题。采用这种方法比较容易发现问题。

绝对数比较分析法，是指通过被审计项目各期完成情况的绝对数比较揭示差异并分析问题的一种方法。

（2）因素分析法

因素分析法（也称连环替代法），是指为确定某一经济现象诸因素的影响方向和程度而采用的一种分析方法。影响方向用正或负表示，影响程度则用数据反映。通过因素分析可以帮助审计人员有针对性地提出改进建议和措施。

（3）趋势分析法

趋势分析法，是指利用财务报表提供的数据资料，将各期实际指标与历史指标进行对比，提示单位财务状况和经营成果变化趋势。

运用趋势分析法应注意：一是掌握分析的重点，审计人员应对财务报表的重要项目进行重点分析，提高分析的效率，避免平均使用力量；二是分析时可与比较分析法结合运用。

（二）客观事物的调查方法

审计中，经常通过检查书面资料以外的方法来调查取证，一般主要对现金、有价证券、库存商品、材料、在产品、固定资产及其他物资的实际结存数量和价值进行审查，这些方法主要有：

1. 观察法

观察法，是指审计人员到被审计单位的经营场所及其他有关场所进行实地察看，来证实审计事项。

审计人员进入被审单位后，深入车间、科室、工地、仓库等地，对生产经营管理工作的进行、财产物资的保管和利用、内部控制制度的执行等，进行直接的观看视察，注意其是否符合审计标准和书面资料的记载，从中发现薄弱环节和存在的问题，借以收集书面资料以外的证据。

2. 盘点法

盘点法，是指通过对有形资产的清点、计量，来证实账面反映的有形资产是否确实存在，从中收集实物证据的一种方法。盘点法只能对有形资产是否确实存在提供有力的审计证据，但无法验证有形资产的所有权和计价情况。因此，审计人员在盘点之外，还应采取其他方法验证有形资产的所有权和计价情况。

盘点法又分为直接盘点法和监督盘点法两种，在审计中，多数采用监督盘点法。

（1）直接盘点法

直接盘点法指审计人员在实施有形资产检查时，亲自盘点有关有形资产证实与账面记录是否相符。这种方法在实际中应用较少，常用于盘点数量较少，但容易出现舞弊行为的贵重财产物资，如贵重文物、珠宝、贵重材料等。

（2）监督盘点法

监督盘点法指在检查有关财物时，审计人员不亲自盘点，由被审计单位人员自行盘点，审计人员监督盘点过程和结果，必要时抽查盘点一部分物资，来证实有形资产存在。

3. 调节法

调节法，是指被审计单位报告日数据和审计日数据存在差异或由于被审计项目存在未达账项时，通过对某些因素进行增减调节，来验证报告日数据账实是否一致。调节法通过与实物盘点法结合使用，也可用于调节银行存款及有关结算类账户的未达账项。

（1）对未达账项的调节

通过编制银行存款余额调节表，对被审计单位与开户银行双方发生的未达账项进行增减调节，以验证银行存款账户的余额是否正确。

（2）对财产物资的调节

当财产物资的盘存日同书面资料结账日不同时，结合实物盘存，将盘存日期与结账日期之间新发生的出入库数量，用来对盘存日有关财产物资的盘存数进行增减调节，以验证或推算结账日有关财产物资的应结存数。适用对象为原材料、在产品、产成品、库存商品等。

其公式为：

被查日存量 = 盘点日存量 + 被查日至盘点日发出量 - 被查日至盘点日收入量

4. 鉴定法

鉴定法是指由于对被审事项的鉴别超出了审计人员的能力范围而邀请有关专门人员、运用专门技术对被审事项进行确定与识别。

如对实物性能、质量、价值、书面资料的真伪以及经济活动的合理性、有效性等的鉴定，就超出了一般审计人员的能力，需要聘请一定数量的工程技术人员、律师或某些方面的专家等提供鉴定结论，并做出独立的审计证据。

第 二 章　网络时代的概述

第一节　网络的概念

网络体量庞大、增速惊人，对政府而言，这已经是一个不容忽视的存在；对网络企业而言，诸多网络基础设施的建设需要靠国家层面进行全面部署和强有力推动。

网络深刻影响着经济的各方面，从政府角度来说，需要管控和引导；而从网络企业角度来说，需要政府更加开放和积极。但不管怎么样，沟通是必要的，共同努力尝试推进并寻找最佳平衡点也是必要的。

中国经济正在转型升级，网络或能成为重大助力。同时，对网络企业而言，发展越大越快就越容易触及传统主体经济，因此也需政府支持。

于是，在双方都要求明确、态度积极的情况下，网络在网络大佬以人大代表的身份写进提案后，被写入政府工作报告，终成国家战略。

一、网络时代

通过搜索引擎查询相关信息可以看到，最早在公开场合提出网络概念的是国内知名咨询公司易观国际董事长于扬。移动网络，它的本质离不开网络，而怎么找到你所在行业的网络，是企业需要思考的问题。

网络加一个传统行业意味着什么呢？其实是代表了一种能力，或者是一种外在的资源和环境，是对这个行业的一种提升。

二、网络的定义

对网络的具体定义以及深层次的内涵解读是至关重要的，这决定着其理论框架和应用路径。能否正确地理解网络，很大程度上也将决定政府或企业能否充分发挥网络的价值。

那么到底何谓网络？

网络应该是目前所在行业的产品和服务在与未来多屏全网跨平台用户场景结合之后产生的一种化学反应公式。

网络是一个趋势，"+"的是各种传统行业。当网络加上媒体后，产生了网络媒体，对传统媒体影响很大；加上零售后，产生了电子商务，对实体商业影响很大；加上金融后，产生了网络金融。传统行业每一个细分领域的力量仍然无比强大，网络仍然是一个工具。当前的网络时代，各个行业的孤立信息被网络连接起来，行业间信息交互融合形成新的行业生态。网络通过打破信息不对称，为用户提供精准、个性化的服务，缔造了一个又一个产业的新机遇、新生命。

综合来看，可以采用一种简单但明确的定义。网络工具，指的是包括网络和移动网络，以及由网络和移动网络而产生的诸多新技术、新思维在内的创新工具；而应用网络工具的主体，可以是个人、企业，也可以是行业、城市，乃至国家和星球，但在商业环境下最主要的还是企业和产业。

因此，网络就是构建网络化组织，创造性地使用网络工具，以推动企业和产业更有效率的商务活动。

三、网络的内涵

当前非常流行"解构主义"，无论是商业、行业，还是电影、音乐，都会因为解构而焕然一新，同时也能够让人们看透其本质上的一些东西。说白了，就是把一个词或者一个事用更通俗易懂的语言解释一遍，将其内涵也挖掘出来展示在用户面前。

（一）网络渠道+

在一部分网络人的眼中，网络是个工具。就如之前的蒸汽时代、电力时代一样，这些工具解放了更多的劳动力进而从事更多的工作，给生产与生活带来更大的便捷。网络作为工具，最大的贡献就是在网络时代到来以后，成为一个企业商业营销及交易的新渠道。这个渠道跟线下的其他渠道一样但效率更高，在线支付使得购买商品更加容易，在线选货的种类更多，重要的是网络渠道让商家的市场增加了十几倍，彻底冲破了地域概念，不用区域代理机制也能将货卖到更远的地方。

网络的商业模式之所以能成功，是因为网络创造了一个新的营销及供应渠道，有了这个渠道，所有的交易都不成问题。理论上任何行业的任何商品都可以在网上实现交易，电商诞生到现在，基本上所有大家见过的商品都被放到了网络商城上。因此，探讨网络必须研究"网络渠道＋"这个属性，渠道是网络交易的重要组成部分，无论是 B2B 还是 B2C。

（二）网络平台（生态）+

除了特别大的市场，大型的网络商家已经看不上那些本源市场不够大的行业，但是一个商家足够多的行业是需要网络服务的,大型商家们干脆做出一个只服务于卖家与买家的网站,而自身不从事这个行业,这就是当前看到的各大平台。

电商平台、物流平台、社交平台、广告平台等各种平台应有尽有,到后来,这些平台开始垂直与细分化,出现了美妆、生鲜、酒类、鞋类等更专业的平台。它们的本质都是电商,融合社交、物流、营销等工具,为买家和卖家双方提供最大化的服务,盈利模式上赚取的是服务费。

这些平台后来越做越大,已经不限于自身起家的行业,而是通过平台吸引更多的技术、服务提供商,并开始跨界发展,譬如社交平台会做游戏、电商及硬件等。电商平台也会做文学、电影及体育等,这些平台几乎会做当前能见到的各种热门行业的业务,一些看似不相干的业务也因为战略发展需要而被纳入旗下。实现方式则通过与其他商家合作及收购、并购,他们自身能做的自己做,不能做的或者不愿意做的交给别人做。从而由共同的价值链组成与自然生态类似的网络生态。

传统企业融合网络,一方面可以自己做平台或生态,另一方面在早期也可以加入某个平台或生态,做那些平台不愿做或者不想做的,从而通过平台及生态战略来实现企业的初步转型。平台一方会为企业提供足够多的帮助与支持,这在将来很有可能是传统企业转型的必经之路。大部分企业会选择两条腿走路,一条是平台及生态的入驻,另一条则是企业自身的探索,这样可以回避转型不成功的风险。

(三)"万物互联+"

"万物互联+"也可以称作"物联网+"。虽然现在各处都是智能硬件,各处都讲物联网,但要实现真正的"万物互联+",还有很长的路要走。这是未来的网络形态。网络被提出来,也正是因为将来会是万物互联的时代,从商业到物,到人,再到事,所有都是被连起来的。这将会有更多的商业模式出现,也会是网络的最终目标。因为在那个时代,商业及企业已经不分线上与线下,整个社会都是一个"大一统"的状态,也就不会再有所谓的企业转型之谈。网络也就完成了其使命。

(四)如何理解

除了对网络的网络部分做一个解构外,这里简单地说说其中的"+"。这个可以看作是连接与融合,网络与传统企业之间的所有部分都包含在这个"+"之中。这里面会有政府对网络的推动、扶植与监督,会有企业转型服务商家的服务,会有网络企业对传统企业的不断造访,会有传统企业与网络企业不间断地探讨,还有连接线上与线下的各种设备、技术与模式。如果去翻阅资料,还会有更多内容在里面。总之,这个"+"既是政策连接,也是技术连接,还是人才连接,更是服务连接,能最终实现网络企业与传统企业的对接与匹配,从而帮助完成两者相互融合的历史使命。

第二节　网络的技术与思维基础

一、网络思维

传统企业融合网络的第一步是了解网络,所以了解网络思维是一个基础的开始。什么是网络思维?在网络商业模式的长期发展中,很多网络企业积累了大量的案例及数据,足以让他们总结出一套适合自身发展的方法论,这个方法论就可以看作网络思维。网络思维是网络企业总结出来的,更适合线上的商业模式,所以对传统企业的线下经营不会太适合。网络要求传统企业先了解网络思维,然后再结合实际情况探索出新的商业模式。

典型的网络思维有雷军的"专注、极致、口碑、快"七字诀,也有其他网络思维诸如生态思维、平台思维、免费思维、跨界思维等。正是这些内涵丰富的网络思维,构成了种类繁多的网络商业模式。网络思维就如餐饮企业的标准化流程一样,其特点是可以快速复制。

二、用网络技术改造现有业务

把网络当作工具,用网络方法来提高效率、降低成本,利用大数据、云计算等技术来更精准地发现用户需求,最大限度地满足并引领用户需求。

进入移动网络时代,老板对组织、产品、用户的高度必须要全面认识。通过网络卖产品还是技术思维,必须把网络思维上升到企业战略的高度。

传统企业网络化的核心要义在于"在线"和"联网"。只有"在线"才可以实现数据的沉淀、积累、挖掘和使用,最终抓住 C(消费者)而推动 B(企业),实现 C2B(消费者对企业)的转变;只有"联网"才可能开展大规模社会化协同,催生专业化分工,促进效率的提升。无论是从网络还是从大数据的角度,只有双向互动才能创造价值。整个网络的发展,本质上是让互动变得更加高效、更加方便、更加自然。"在线"是传统商业的提升,企业与客户逐步"互动",使 B 和 C 的单线价值日益增加。但只有在"联网"之后,B 与 B、B 与 C、C 与 C 之间才能进行全面互动,网络的价值才真正凸显出来,从而创造全新的可能性。

然而无论从什么角度出发，传统企业和传统社会运行体系的参与者和维护者都不愿承认网络变革的广度和深度，而更愿意把网络看作一种工具，一种可以或不得不加以利用但决不能改变和取代传统的东西。结果是，尽管他们对网络认真观察、思考、分析，却无论如何也产生不了网络思维。这是立场使然，也是利益使然，与智商无关。可以断定，在不改变立场，不放弃既得利益的前提下，无论花多少钱、招多少人、买多少设备、做多少电商或微商，都不可能使传统企业和传统社会运行机制彻底摆脱被动挨打的态势。

三、网络下财务安全的技术基础

财务安全将直接影响到信息经济的正常运行，影响到国家、企业和个人的切身利益。必须采取有效措施和方法来保障网络财务运行的安全。

（一）防火墙技术

防火墙是指建立在两个网络边界上用以保障安全的策略和网络通信监控的系统集合。是用来对两个或多个网络之间的互相访问实行强制性管理的安全系统，通过屏蔽未授权的网络访问等手段，把内部网络隔离为可信任的网络。防火墙是构架于 Intranet 和 Internet 之间，运用于两个网络之间的屏障，作为内部网与外部网沟通的桥梁，也是企业内部网络对外接触的大门。所以说，防火墙是重要的信息安全产品，是一种非常有效的网络安全模型。可以监控进出网络的通信量，只让安全、核准的信息进入，同时又承担着对外防御来自 Internet 的各种攻击，对内辅助企业安全策略实施的重任。

1.防火墙的含义

企业的网络财务是基于 Internet 上的，它的最大好处是方便了企业内部之间以及企业与外部的信息交流，提高了工作效率。然而，一旦企业内部网连入 Internet，就意味着 Internet 上的每个用户都可能访问企业网。如果没有一个安全的保护措施，黑客就会非法访问企业资源。防火墙就是一种保护企业内部网中数据安全的重要技术。它控制了 Intranet 与 Internet 之间的所有数据流量，控制和防止 Intranet 中有价值的信息流入 Internet，也可防止来自 Internet 的垃圾和有害数据流入 Intranet，它是不同网络或网络安全之间信息的唯一出口，已经成为企业保护信息安全不可缺少的一道屏障。

防火墙是一种获取网络安全的形象性说法。它是计算机硬件和软件的结合，使国际网络 Internet 和企业内部网 Intranet 之间建立起一个安全网关，从而保护内部网免受非法用户的侵入。主要由服务访问约定、验证工具、包过滤和应用网关组成。最主要的目的在于隔离企业内部网络和外部网络,以保护内部网络。其实防火墙的构架是一套独立的软、硬件配置,它通过建立一整套规则和策略来监测、限制、转换跨越的数据流,实现保护内部网络的目的。同时,防火墙也是一种由计算机软件和硬件组成的隔离系统设备。

2. 防火墙的功能

从不同的角度考虑,防火墙具有不同的功能,最基本的包括以下几种。

（1）隔离风险区域

防火墙处于安全区域与危险区域之间,能隔离内部敏感数据与风险区域之间的连接,由于只有经过精心选择的协议才能通过防火墙,所以,内部网络环境变得更安全。防火墙可以禁止不安全的协议进出受保护的内部网络,这样,外部攻击者就不可能利用这些脆弱的协议来攻击内部网络。防火墙同时也可保护企业内部网络免受基于路由的攻击,如 IP 选项中的源路由攻击等。

（2）强化网络安全策略

通过以防火墙为中心的安全方案配置,能将所有安全软件（如口令、加密、身份认证和审计等）配置在防火墙上,与将网络安全问题分散到各个主机上相比,防火墙的集中安全管理更经济。例如在网络访问时,一些口令和认证系统完全可以不必分散在各个主机上,而可以全部集中在防火墙上。

（3）限制访问内部信息

内部网络只有提供给内部一些管理人员访问的信息,防火墙可以实现相关安全策略上的访问限制。通过利用防火墙对内部网络的划分,可以实现内部网络重点网段的隔离,从而限制了局部重点或敏感网络安全问题对全局网络造成的影响。

（4）进行监控审计

如果所有的访问都经过防火墙,那么,防火墙就能记录这些访问并做出日志记录,同时也能提供网络使用情况的统计数据。当发生可疑动作时,防火墙能进行适当的报警,并提供网络是否受到监测和攻击的详细信息。另外,收集一个网络的使用和误用情况也是非常重要的,这可以清楚防火墙是否能够抵挡攻击者的探测和攻击,并且清楚防火墙的控制是否充足,网络使用统计对网络需求分析和威胁分析也是非常重要的。

3. 防火墙的种类

按照建立防火墙的主要途径,防火墙产品可分为基于分组过滤实现的防火墙、代理服务防火墙和应用网关防火墙。

（1）基于分组过滤的防火墙

分组过滤即包过滤，包过滤防火墙在网络层中对数据包是有选择地通过，依据系统事先设定好的过滤逻辑，检查数据流中的每个数据包，根据数据包的源地址目标地址以及数据包所使用的端口确定是否允许该类数据包通过。包过滤防火墙是基于"凡是未禁止的就是允许的"访问原则。包过滤主要有两种实现方式：基于路由器的防火墙和基于独立运行软件的防火墙，这里使用较多的是基于路由器的防火墙。

包过滤防火墙的工作原理很简单，第一，有选择地允许数据分组穿过防火墙，实现内部和外部主机之间的数据交换；第二，作用在网络层和传输层；第三，根据分组的源地址、目标地址、协议类型等标志确定是否允许数据通过。只有满足过滤逻辑的数据包才被转发，否则被丢弃。包过滤防火墙的安全性能非常好，最大的优点就是它对于用户来说是透明的。也就是说，不需要用户名和密码就可登录；这种防火墙简洁、速度快、费用低，而且易于维护，通常作为第一道防线。然而缺陷也是很明显的，主要表现为对网络的保护有限，因为它只检查地址和端口，对网络更高协议层的信息无理解能力；缺乏记录功能，通常没有用户的使用记录。所以就不能从访问记录中发现黑客的攻击记录，虽然如此，包过滤仍然是目前使用最广泛的防火墙。

（2）代理服务器的防火墙

代理服务器是在防火墙上运行的专门的应用程序或服务器程序，这些程序接受用户的 Internet 服务请求，根据安全策略将它们传送给真正的服务器，代理提供真正的连接并且充当服务网关。它可以按照 IP 地址禁止未授权者的访问。但是，它不适合企业用来控制内部人员访问外界的网络。为了实施更加严格的访问控制策略，可以采用代理服务。代理服务是基于"凡是未被允许的就是禁止的"访问原则。代理服务是管理员根据访问原则允许访问或拒绝访问待定的应用程序或应用服务的控制平台；同时也是实施较强的数据监控、过滤、记录和报告等功能的一类网络安全模型的总称。代理服务通常由单独的计算机和专有应用程序承担。

（3）应用网关防火墙

由于以上两种防火墙各有优缺点，将上述两种技术融合的复合型防火墙就是应用网关防火墙，它是现代防火墙的发展趋势之一。

应用层网关防火墙可使网络管理员实现比包过滤防火墙更严格的安全策略。应用层网关不使用包过滤工具来限制 Internet 服务进出防火墙系统，而是根据所需服务关上安装专用程序代码的方式来管理各种 Internet 的服务。每增加一种保护的新服务，就必须为其编制相应的程序代码，否则该服务就不被支持，而且不能通过防火墙来发送。另外，应用网关也可以通过配置专用程序代码来支持应用程序的特定服务，但绝对不允许用户登录到该网关上，否则该用户就可能获得权限，通过安装特洛伊木马来获得登录口令，并修改防火墙的安全配置，直接攻击防火墙。应用网关防火墙由于采用了应用层网关技术，网络安全性较高。内外的计算机系统应用层的链接是通过两个终止于代理服务的链接来实现的，这样便成功地实现了防火墙内外计算机系统的隔离。

（二）漏洞扫描技术

由于网络经济的发展，网络财务系统日益复杂，以至于人们无法保证系统不存在网络设计漏洞和管理漏洞。近年来发生的网络攻击事件中，能够突破边界防卫系统（如防火墙）的案件并不少见，非法入侵者的攻击行动主要是利用各种网络漏洞侵入，使防火墙等设施形同虚设。对付破坏系统企图的理想方法是建立一个完全安全的没有漏洞的系统。实际上，这根本是不可能的。因此，一个实用的方法是，建立比较容易实现的安全系统，同时按照一定的安全策略建立相应的安全辅助系统，漏洞扫描器就是这样一类系统，它是自动检测远程或本地主机安全性弱点的程序。

就目前系统的安全状况而言，系统中存在一定的安全漏洞，因此也就存在着潜在的安全威胁。但是，如果能够根据具体的应用环境，通过使用漏洞扫描器，发现所维护的 Web 服务器的各种 TCP 端口的分配、提供的服务、Web 服务软件版本和这些服务及软件呈现在 Internet 上的安全漏洞，从而在计算机网络系统安全中做到有的放矢，及时修补漏洞，就可以有效地阻止入侵事件的发生，从而构筑坚固的安全防线。

（三）入侵检测技术

入侵检测系统是一种不同于防火墙的、主动保护网络资源的网络安全系统，是防火墙合理和必要的补充。据统计80%以上的网络入侵发生在有防火墙隔离的网络内部，系统在监控过往信息的同时能够对数据进行分析、消化，并以一种更加人性化的方式将网络上存在的安全风险准确地告知用户，使用户一目了然并能迅速做出决策。入侵检测系统处于防火墙之后对网络活动进行实时检测，是防火墙的延续，所以，可以和防火墙、路由器配合工作，但它又是独立于防火墙之外工作的。

1. 入侵检测系统的原理

仅仅使用防火墙，网络安全还远远不够。主要原因如下：①入侵者可能寻找防火墙背后可能敞开的后门；②入侵者可能就在防火墙内；③由于性能的限制，防火墙常常不能提供实时的入侵检测能力。

为了实现系统的安全防护,就必须建立一种网络防火墙的逻辑补偿技术,即入侵检测技术。该技术能够把系统的安全管理能力扩展到安全审计、安全检测、入侵识别、入侵取证等相应范畴。

入侵检测系统可检测、识别和隔离"入侵"企图,还能针对正在发生的攻击行为进行相应的回击,采取相应的阻断或关闭设备等措施。但网络入侵检测技术并不能分析加密的会话,也不能发现已经成功的攻击。统计一场事务检查是一种入侵检测方法,它通过检查统计量的偏差,从而检查出不正常的行为,给用户、用户组、工作站、服务器、文件和网卡及其他一系列资源主体和对象定义一系列的变量,通过观察历史数据或声明期望值来为加密一个变量基值,当发生系统活动时,将根据每个主体和对象的利害关系或者保持或修改这些变量。

入侵检测系统与系统扫描器不同,系统扫描器是根据供给特征数据库来扫描系统漏洞的,它更关注配置上的漏洞而不是当前进出你的主机的流量。在遭受攻击的主机上,即使正在运行扫描程序,也无法识别这种攻击;入侵检测系统扫描当前网络的活动,监视网络的流量,根据定义好的规则来过滤从主机网卡到网线上的流量,提供实时报警。网络扫描器检测主机上设置的漏洞,而入侵检测系统监视和记录网络流量,如果在同一台主机上运行入侵检测系统和扫描器的话,需要合理重置入侵检测系统以便及时发出报警信号。

2. 入侵检测系统的分类

按照检测功能的不同,入侵检测系统可以分成以下几类。

(1)网络入侵检测系统

网络入侵检测系统通过对网络中传输的数据包进行分析,从而发现可能存在的恶意攻击。如在不同的端口检查出大量的 TCP 连接请求,就能发现 TCP 端口扫描的攻击企图。网络入侵检测系统既可以运行在监视自己端口的主机上,也可以运行在监视整个网络状态且处于混杂模式的探测主机上。

(2)网络完整性校验系统

网络完整性校验系统用来校验系统文件,查看系统是否已经被黑客攻破而更改了系统源文件并留下了后门。它不仅可以校验文件的完整性还可以对其他组件,如系统注册表等进行校验。这类软件的缺点是一般没有实时报警的功能。

(3)日志文件分析系统

该系统通过分析网络服务产生的日志文件来检测潜在的恶意攻击企图,与网络入侵检测系统类似,这类软件在寻找日志中暗示攻击企业的模式来发现入侵行为。通过分析 HTTP 服务器日志文件来寻找黑客,扫描 CHI 漏洞行为。

（4）欺骗系统

该系统通过模拟一些著名漏洞并提供虚假服务来欺骗入侵者,当然也可以完全不使用任何软件就达到欺骗黑客的目的,如重命名网络终端上的管理人账号,然后设立一个没有权限的假账号让黑客来攻击。一旦中计,就会记录下它的行为。

（四）入侵防御技术

简单地说,入侵防御系统就是防火墙加上入侵检测系统,但并不是说可以代替防火墙或入侵检测系统。防火墙是精度比较粗的访问控制产品,它在基于 TCP／IP 协议的过滤方面表现出色,而且在大多数情况下,可以提供网络地址转换、服务代理、流量统计等功能,甚至有的防火墙还能提供 VPN 功能。和防火墙比较起来,入侵防御系统的功能比较单一,它只能串联在网络上(类似于通常所说的网桥式防火墙),对所有不能过滤的攻击进行过滤。这样一个两级的过滤模式,可以最大限度地保证系统的安全。一般来说,企业用户关注的是自己的网络能否避免被攻击,对于能检测到多少攻击并不是最关注的。当然,入侵检测系统和其他产品相结合,可以提供针对企业信息资源全面的审计资料,这些资料对于攻击还原、入侵取证、异常事件识别、网络故障排除等都有很重要的作用。

从功能上来看,入侵检测系统是一种并联在网络上的设备,它只能被动地检测网络遭到了何种攻击,它的阻断攻击能力非常有限,一般只能通过发送 TCP RE-SET 包或联动防火墙来阻止攻击。而入侵防御系统则是一种主动的、积极的入侵防范和入侵阻止系统,它部署在网络的进出口处,当它检测到攻击企图后,会自动地将攻击包丢掉或采取措施将攻击源阻断。可以这样比喻,入侵检测系统就如同火灾预警装置,火灾发生时,它会自动报警,但无法阻止火灾的蔓延,必须要有人来操作进行灭火。而入侵防御系统就像智能灭火装置,当它发现有火灾发生后,会主动采取措施灭火,中间不需要人为干预。入侵防御系统的检测功能类似于入侵检测系统,但入侵防御系统检测到攻击后会采取行动阻止攻击,可以说入侵防御系统是基于入侵检测系统的,是建立在入侵检测系统发展的基础上新生的网络安全产品。

实践证明,单一功能的产品已不能满足客户的需求,安全产品的融合、协同、集中管理是网络安全的重要发展方向。大型企业要一体化的安全解决方案,需要细粒度的安全控制手段。中小企业一边希望能够获得切实的安全保障,一边又不可能对信息安全有太多的投入。从早期的主动响应入侵检测系统到入侵检测系统与防火墙联动,再到最近的入侵防御系统,是一个不断发展和完善地解决安全需求的过程。

（五）防病事技术

计算机病毒是某些人利用计算机软、硬件所固有的脆弱性，编制的具有特殊功能的程序，由于它与生物医学上的"病毒"具有同样的传染性、潜伏性、破坏性等专有的特性，因此取名为"计算机病毒"。计算机病毒问题越来越受到计算机用户和计算机反病毒专家的重视，并且发明了许多防病毒的产品。

1. 按传染方式分类

按传导方式可分为引导型病毒、文件型病毒和混合型病毒三种。所谓引导型病毒是指破坏程序嵌入磁盘的主引导扇区（主引导区病毒）或操作系统引导（引导区病毒）中，当系统引导时就进入内存，从而控制系统，进行传播和破坏；文件型病毒是指病毒将自身附在一般可执行文件上，以文件为感染对象，目前大多数的病毒都属于文件型病毒；混合型病毒是一种既可以嵌入到磁盘引导区中又可以嵌入到可执行程序中的病毒。

2. 按连接方式分类

按连接方式可分为源码型、入侵型、操作系统型和外壳型病毒。源码病毒较为少见，也难以编写，因为它主要攻击高级语言编写的源程序，在源程序编译之前插入其中，并随源程序一起编译，连接成可执行文件，刚刚生成的可执行文件就已经带毒了；入侵型病毒可以自身代替正常程序中的部分模块，因为此类病毒只攻击某些特定程序，针对性强，一般情况下也难以被发现，清除起来也较困难；操作系统型病毒可用自身部分加入或替代操作系统中的部分功能，因其直接感染操作系统，这些病毒的危害性也较大；外壳型病毒将自身附加在正常程序的开头或结尾，相当于给正常程序加了个外壳，文件型病毒都属于这一类。

3. 根据病毒特有的算法分类

根据病毒特有的算法可分为伴随型病毒、"蠕虫"型病毒、寄生型病毒、诡秘型病毒、变形病毒（又称幽灵病毒）。伴随病毒不改变文件本身，它们是根据算法产生EXE 文件的伴随体，其具有同样的名字和不同的扩展名，把自身写入 COM 文件，但并不改变 EXE 文件；"蠕虫"病毒不改变文件信息，而只是利用网络从一台机器传播到另一台机器，不停地占用计算机网络资源，造成网络阻塞和内存消耗；寄生型病毒附在系统的引导扇区或文件中，通过系统功能的执行传播；诡秘型病毒一般不直接修改操作系统中断和扇区数据，而是通过设备和文件缓冲区等在操作系统内部修改，利用操作系统空闲数据区进行工作；变形病毒用一个繁杂的算法，使自己每次传播都有不同的内容（特征）和长度，它们是由一段混有无关指令的解码算法和被变化过的病毒体组成。

（六）信息加密技术

1. 信息加密的概念

所谓加密，就是把数据和信息转换成不可辨识的密文的过程，使不应该了解该数据和信息的人不能够识别，信息在传输过程中即使被窃取或截获，窃取者也不能了解信息的内容，从而保证信息传输的安全。而对密文的内容需通过密钥将其转换为明文，这就是解密过程。加密手段一般分软件加密和硬件加密两种。软件加密成本低而且使用灵活，变换方便；硬件加密效率高，本身安全性高。

2. 密码体制的分类

加密技术是网络信息安全主动、开放型的防范手段，数据加密包括两个元素：算法和密钥。最简单的方法是，把加密算法看作是一个密码锁，而密钥就是打开锁的号码。号码位数越多，潜在攻击者要攻破的组合变化也就越多。这样，密钥越长，算法的保护能力也就越强。在安全保密中，可通过适当的密钥加密技术和管理机制，来保证网络的信息通信安全。密钥加密技术的密码体制分为对称密钥体制（也称私钥算法）和非对称密钥体制（也称公钥算法）两种。

（1）对称密钥体制

对称密钥体制使用同一个密钥进行加密和解密数据。即用户使用这个密钥加密数据，数据通过网络传输之后，接收数据的用户使用同样的密钥解密数据。其缺点主要是在通过之前必须有一个安全的密钥交换过程以及在有多个通信方时会造成密钥量的急剧增加。对称算法用于大数据加密，对称算法的密钥长度通常比较短。

（2）非对称密钥体制

非对称密钥体制采用两个不同的密钥。这种数学算法的惊人之处就是：一个用户能够使用一个密钥加密数据，而另一个用户能够使用不同密钥解密数据。非对称密钥体制在进行加密和解密时使用的关键信息是由一个公钥和一个与公钥不同的私钥组成的密钥对。用公钥加密的结果只能用私钥才能解密，而用私钥加密的结果也只能用公钥解密。同时，用公钥推导私钥的代价在实际中是十分高昂的，甚至是不可行的。因此可以将公钥散发给其他人，而自己则安全地持有私钥。这样其他人发送邮件时就可以用公钥进行加密，而这封被加密的邮件只能用私钥解密并阅读，这就是用公钥加密法进行加密的基本原理。

由于对称密钥加密算法比非对称密钥加密算法快得多，所以通常利用二者的优点，即采用对称密钥加密文件，采用非对称（公开）密钥算法加密"加密文件"的密钥(会话密钥),这种混合加密系统能较好地解决加密运算速度和密钥分配管理的问题。

非对称密钥技术较容易实现数字签名,因此很适合网络财务应用的需要。目前应用最多的公开密钥系统有 RSA。

（七）数字签名技术

数字签名是用来保证信息传输过程中信息的完整而提供信息发送者的身份认证,是目前电子商务、网络财务中应用最普遍、技术最成熟、可操作性最强的一种电子签名方法。数字签名的含义是:利用一套规则和一个参数对数据计算所得的结果来确认签名者的身份和数据的完整性,通常采用非对称加密算法来实现。数字签名的过程是被发送方文件用散列算法加密产生的信息摘要,该算法保证对于不同的信息,其摘要是不同的,同时通过摘要是无法获得原文的,发送方用自己的私有密钥对摘要再进行加密,并将加密结果作为数字签名附在正文后发送给对方。对方用发送方的公共密钥对所附数字签名的摘要进行解密,同时对收到的文件用散列算法加密产生又一摘要,如果两者所得的结果相同,则可验证是对方的签名,否则无法通过对数字签名的检验。因为相应的私钥只有该电子邮件声明者拥有,而只有用该私钥加密才能获得可由相应公钥正确解密的结果。

（八）数字认证技术

1. 数字证书

为保证网上数字信息的传输安全,除了在通信传输中采用更强的加密算法等措施之外,必须建立一种信任及信任验证机制,即参加网上信息传输的各方必须有一个可以被验证的标志,这就是数字证书。数字证书是各实体(持卡人/个人、商户/企业、网关/银行等)在网上信息交流及商务交易活动中的身份证明,具有唯一性。尤其在电子交易的各个环节,交易的各方都需验证对方证书的有效性,从而解决相互间的信任问题。

证书是一个经认证中心数字签名的包括公开密钥拥有者信息以及公开密钥的文件。从证书的用途来看,数字证书可分为签名证书和加密证书。签名证书主要用于对用户信息进行签名,以保证信息的不可否认性;加密证书主要用于对用户传送的信息进行加密,以保证信息的真实性和完整性。

2. 认证中心

数字证书认证中心是整个网上电子交易安全的关键环节,它主要负责产生、分配并管理所有参与网上交易的实体所需的身份认证数字证书。每一份数字证书都与上一级的数字签名证书相关联,最终通过安全链追溯到一个已知的并被广泛认为是安全、权威、足以信赖的机构—根认证中心。网络上进行电子交易的各方都必须拥有合法的身份,即由数字证书认证中心机构签发的数字证书,在交易的各个环节,交易的各方都需检验对方数字证书(网上身份)的有效性和合法性,从而解决了用户信任问题。

数字证书认证中心涉及电子交易中各交易方的身份信息、严格的加密技术和认证程序。基于其牢固的安全机制,数字证书认证中心应用可扩大到一切有安全要求的网上数据传输服务。认证中心是网络财务体系中的核心环节,是电子交易信赖的基础。通过自身的注册审核体系,检查核实进行证书申请用户身份和各项信息,使网上交易用户的属性客观真实性与证书的真实性一致。认证中心作为权威的、可信赖的第三方机构,负责发放并管理有参与网络交易的实体所需的数字证书。

（九）安全保障制度

制度建设是保证网络财务安全、准确、可靠实施的先决条件,没有完善的管理制度,就不能很好地发挥网络财务的作用,还可能造成财务工作的混乱,甚至给企业和国家造成损失。

1. 建立岗位责任制度

按照财务管理的要求,对网络财务人员进行管理,按照责、权、利相结合的原则,明确系统内部各类人员的权限。建立健全岗位责任制,一方面可以保护企业资金财产的安全;另一方面,可以提高工作效率,充分发挥网络财务系统的作用。

2. 建立安全的操作规程

通过建立和实施各项操作规程,建立网络财务系统的运行机制,做好系统内有关数据的备份和出现故障时的数据恢复工作,确保系统运行得安全、有效。企业制定的操作规程主要包括上级运行系统的规定,明确操作人员的工作职责、工作权限等。严格禁止越权操作、非法操作。

3. 建立档案管理制度

良好的档案管理是网络财务正常运行的保障,也是系统维护的保障;是保证数据、信息安全的关键环节,也是财务信息得以充分利用,更好地为管理服务的保障。档案资料保管员要按档案管理的有关规定行使职权,负责对输出的数据、程序、凭证等各种业务档案的保管工作以及一些程序、数据资料的保密工作,不得擅自外借档案资料。

4. 建立安全的法律保障

（1）网络财务对法律的挑战

网络财务的自身特征决定了它不仅为全球经济的发展营造了良好氛围，同时对社会各个领域特别是立法提出新的要求和挑战：①无国界性。Internet 的一个重要特征是全球联通、跨越地域，这就面临着各国社会制度、经济发展程度、现行法律规范、文化等千差万别的实际情况，协调起来比较有难度；②信息的数字化。由于计算机的处理和网络传输，财务数据都是以一定的电、磁信号来表示，也就是说以 Internet 为载体、计算机处理为特征的财务业务的记录以及使用的资金都是数字化的。因此，法律是否承认通过电子形式传送的数字化信息的效力是网络财务立法必须解决的核心问题。数字化信息的法律地位主要涉及业务交易的书面形式、电子签名以及认证等几个方面；③信息技术发展快。网络技术的发展速度，远远超过一个国家适时地调整其法律框架的能力。即使试图对法律进行调整以适应网络财务的要求，也会因为出现的一些新情况、新问题，使得适时的法律调整总是跟不上网络技术的发展步伐。

（2）网络财务的发展需要法律的保障

人们在感受网络财务比传统财务具有便捷、高效、覆盖面广、交易费用低廉等优势的同时，也感觉到网络财务与传统法律之间的障碍，与网络财务的发展速度相比，与之相关的法律、法规明显滞后。

（3）网络财务立法有利于促进网络财务的发展

创造一个适应网络财务发展的法律法规环境，鼓励、引导、维护网络财务沿着健康轨道发展，成为当前世界各国立法工作的一项重要任务。许多国家都出台了推动本国网络财务发展的政策和规范性文件，旨在抓住信息技术的机遇争取新的竞争优势，提高国际竞争力，为网络财务在全球范围内的发展提供保障。

第三节　网络发展趋势

一、网络的发展历程

（一）消费网络

网络的商业化应用是伴随着技术的进步与使用网络人群的增加而逐渐扩大的，网络的商业化应用起始于人与信息的连接，发展于人与商品的连接以及人与人之间的连接,连接是网络商业化的基础。

网络的商业化造就了独特的网络商业模式,先后产生了信息门户、电子邮箱、搜索、电商、视频、电子游戏、广告、社交等网络商业模式,这些网络商业模式都与人类的消费有关,包括信息消费,商品消费、服务型消费。纵观 PC 时代的网络商业模式,归根到底就是一个"卖"字,电商直接销售商品,视频、门户以及搜索网站出卖流量为商家的商品或服务提供广告服务,电子游戏、社交、视频等也莫不如此。直接为人类提供产品或服务的网络商业模式,称为网络 1.0 时代,又称为消费网络时代。

网络的商业化与人类自身需求的发展也是同步的,根据马斯洛(Abraham H. Maslow)需求层次理论,人的需求是从低到高逐层升级的,物质消费需求是基本的需求。网络的商业化正是从人的需求出发,通过网络帮助产品制造商或服务提供商进行销售,并由此形成不同的模式。不过在商品销售的过程中,加入了娱乐化、金融化等元素。

建立在 PC 上的消费网络,首先解决的是买方与卖方的信息不对称问题,通过价格比较与品类聚集,形成了网络上的超市或专卖店,用户不出门便可了解商品的特性及价格,从而做出选择。电商搭建商品销售平台,通过发达的物流来实现交易。视频、门户及社交则通过娱乐化的增值服务来吸引客户注意力,从而帮助商家促销产品。在消费网络时代,具体的消费品(产品或服务等)、内容是核心。如何吸引用户的眼球,增加用户的黏性以及提高用户的转化率是关键。因此,消费网络也被称为眼球经济模式。为了吸引眼球,社会化媒体承担起了主要责任,所以才有"一切产业皆媒体"之说。

(二) 以网络为核心的产业网络

以智能手机为核心的移动终端设备引领的移动网络进一步扩大了连接的范围,使随时随地超越时空连接一切成为可能。在移动网络技术的驱动下,网络已经通过不断的连接与聚合,打破了传统产业的栅栏与篱笆,极大地消除了信息不对称,网络时代已经来临。与 PC 网络相比,移动网络的连接与聚合能力更为强大,这使得网络逐渐从以消费为主(物美价廉的商品、快速便捷的服务)的消费网络模式逐渐向线下实体延伸,向产业靠近,于是出现了线上与线下融合的 O2O 模式,以及更为宽广的网络模式。网络模式的出现,不仅是因为网络技术的驱动,也因为人类自身需求层级的提升。社会已经不再局限于便捷的服务方式以及物美价廉的消费,而是利用网络向更为广阔的产业挺进。

另外,从网络发展的逻辑来看,消费网络时代属于巨头垄断流量及入口的时代,在这个时代,与消费有关的网络人口及平台比较集中,并形成了大的平台,各大平台已经稳固占据各自的领地,因此消费网络时代屈于平台时代或者是网络基础设施建设时代。

移动网络的出现打破了上述局面,它使入口分散化,网络向线下实体与产业靠近,重视的是重度垂直与细分;虽然消费网络时代的平台或生态很难再形成,但网络对未来生活、产业的影响与改变却更大。从消费网络时代的垄断到产业网络时代的百花齐放,已形成多元化的生态景象。移动网络的出现使得网络从消费网络时代大踏步迈入以网络为代表的产业网络时代,网络对人类社会生活方式、经济发展的影响更加深远,尤其是网络工业、网络农业、网络第三产业(服务业)已全方位影响整个国家经济的发展。

在移动网络时代,以网络为核心的产业网络具有更为广阔的发展前景,在商业模式中,也与消费网络有所不同,在协作性、融合、开放方面更具优势。如果在消费网络时代可以将企业简单地划分为网络公司与传统行业的话(说明网络与传统行业的分离状态),那么,在产业网络时代网络通过更为强大的连接与聚合能力,更为先进的网络技术(移动智能终端设备、大数据、云计算、人工智能、智能硬件等)以及更为开放的网络思维,与传统产业、行业紧密相连,形成共赢局面。网络已经不再是简单的网络行业,也不是传统行业利用网络销售,而是网络改变和打造传统行业的每一个环节,形成一种新的融合。

（三）从消费网络到产业网络

从消费网络到产业网络,不仅仅是结构的改变,而是网络与传统产业协作方式的改变。在消费网络时代,网络改变的是商品销售方式、商品流转效率及人类消费方式,而在产业网络时代,网络已经深入产品的生产环节、研发环节,改造的是整个产业链条,而这些环节涉及范围广、影响面大、配套服务众多,因此,产业网络对经济的影响也更大。

产业网络与消费网络既有关联又有所不同,其不同点主要体现在以下几个方面:

第一,用户主体不同。消费网络主要针对个人用户提升消费过程中的体验,而产业网络主要以生产者为主要用户,通过对生产、交易、融资和流通等各个环节的网络渗透,从而达到提升效率、节约能源等效果。这是一个从个人虚拟化到企业虚拟化的转换过程。

第二,发展动因不同。消费网络得以迅速发展主要是由于人们在阅读、出行、娱乐等诸多方面的生活体验得到了有效改善,而产业网络将会通过生产、资源配置和交易效率的提升得到推进。

产业网络的商业模式有别于消费网络的"眼球经济"它是以"价值经济"为主,即通过传统企业与网络的融合,寻求全新的管理与服务模式,为消费者提供更好的服务体验,创造出不仅限于流量的更高价值的产业形态。

（四）迎接以网络为核心的产业网络时代的挑战

网络时代的商业场景、商业模式均与消费网络时代有所不同。消费网络始于网络商业化之初,建立于PC网络之上,一切围绕产品交易或服务进行,流量是最重要的手段。因此属于典型的眼球经济。而产业网络发展于移动网络时代,是伴随着网络连接与聚合能力的提高而逐步深入的。显然,消费网络与产业网络不同。

在以网络为核心的产业网络时代,被改变的不仅仅是传统行业,同时还有发达于消费网络时代的传统网络平台。即便是提供平台与渠道的网络企业,在新的网络浪潮来临之际已成为提供基础设施的传统网络,如果不能够顺势而为适应网络的变化,必将失去自己的地盘,逐渐被新的网络企业所取代。在消费网络时代,商品从短缺到过剩,大而全的、一站式服务的、可提供品类与价格比较的网络平台具有巨大优势。随着过剩消费时代的来临,追求个性化、订制化服务的小而美的垂直类平台则适应了时代。尤其是对于现代社会中越来越细分的行业及服务,需要精细化的、能提供给消费者参与感的新模式。

（五）"网络"时代中产业网络主线

在消费网络时代,多以免费与购买流量的方式抢占客户的眼球,并向客户提供物美价廉的产品与服务的中介或平台,垄断了绝大多数网络商业化市场。大型平台以巨额的流量和入口形成垄断,后来者难以有较大的发展机会。因此,依靠烧钱购买流量以快速抢占市场的方式成为在消费网络时代生存的丛林法则,唯有快速做大做强才有存活的可能。而在产业网络时代,网络从产品、服务销售向生产、研发延伸,众多细分领域中的行业被网络化之后都有巨大的生存空间。在入口分散化、去中心化、去平台化的移动网络时代,BAT等传统网络并不占有绝对的优势,因为这些都是纯网络企业,分别占据着搜索、电商及社交入口,仅仅是为产品或服务提供销售的平台,在网络时代,这些传统的纯网络企业如果故步自封,就可能会沦落为网络基础设施,最终被垂直细分类公司以及与产业结合的小而美的网络公司逐步瓦解与分化。

由此可见,建立在移动网络上的产业网络中存在着无比巨大的机会,任何一个行业或产业都有可能被网络改造,网络连接能力越强,聚合能力越大,传统产业的机会反而越大。这一改变不仅为网络创业带来了巨大的机会,同时也为传统产业带来巨大的发展前景,传统产业与网络企业的结合将为彼此带来巨大的发展空间。

网络直接将提供者与消费者相连,消除了信息不对称现象和中介,极大地激励了商品提供者。站在产业网络的风口,可以发现产业网络的三大主线。

1. 产业网络时代里的三大变革

第一,网络时代下的生产制造变革。在消费网络时代,通用性商品逐渐趋于饱和,个性化、订制化产品与服务来自提供者。消费网络造成的消费过剩时代即将终结,取而代之的是满足消费者个性化渴求和参与感的时代,这就要求传统的生产方式需要适应市场的变化,由企业主导转变为由消费者主导,生产从尊重消费者体验开始,进而构成以消费者为中心的生产模式,给消费者更多地参与感与良好的体验。

因此,产业网络在与传统企业融合中的最大特点是,将原有以企业为导向的规模型设计转向以用户为导向的个性化设计。从产品功能研发到产品包装设计,每一个部分都通过网络思维与用户建立关联,争取更广泛的互动,从而形成有效的生产制作方案,强调用户的参与度,尊重用户的个性化需求,如小米手机的生产模式,正是将消费者视为研发的参与者,根据消费者的需求进行产品定位与设计,进而取得了巨大的成功。又比如智能家居、可穿戴设备等正是从满足消费者个性出发,在这方面,苹果公司从人性出发直指人心,打造了无与伦比的手机体验,开创了以智能手机等移动终端为基础的移动网络时代,从而为消费网络向产业网络过渡创造了条件。

第二,网络时代下的物流体系变革。网络对物流体系的改造也是全面的,不仅仅是电商及O2O服务促进了物流体系的全面建设,而且通过网络还能对物流及配送的过程实时跟踪,解决客户顾虑的痛点。可以通过网络随时查询商品、信笺的在途寄送信息。同时,还可以在重要设备及物品中嵌入电子芯片,通过电子芯片、物联网等技术跟踪物品的动态及具体位置。此外,大数据技术、云计算及网络地图、位置信息服务对物流体系的提升贡献巨大。

在消费网络时代,为了节约资源与时间成本,传统行业在分销采购等方面已逐渐采用B2B的交易方式。对于电商来说,它们做的是建立于网络之上的电子商务,对于大多数传统企业而言,运用网络交易平台进行商务电子化,提高了流通效率。因此,从某种程度上说,消费网络时代的电子交易模式为"网上交易平台+支付工具与诚信体系+线下物流与仓储"。物流体系是最重要的环节,京东在发展之初就已看到物流的重要性,不惜血本建立了强大的物流体系。阿里巴巴也逐渐开始发力创立独立的物流体系,以解决物流不畅的劣势,专门成立了菜鸟物流。可以想象,网络不是排斥实体与传统产业,而是更有效地与传统产业融合。这就比如再好的电商平台,平台上的商品还是需要线下生产或消费的。

在以网络为代表的产业网络时代,物流体系建设更加重要。传统企业应充分利用线下资源的优势,拓展线上平台,并将线下的物流及售后服务等业务流程进行线上管理,最终实现线上线下一体化。由此看来,利用产业网络对物流交付平台和信息集成交易平台的建立是传统企业与网络融合的一个重要方向。

第三,网络时代下的融资体系变革。我国金融经历了牌照的金融 1.0 时代,银行、证券、保险、信托、基金、期货,金融租赁等七大金融行业均属于国家管制下的金融行业,需要颁发相关的牌照。在该时期,七大金融机构实际上依靠牌照吃饭,有了牌照就等于有了饭吃。最为明显的例子就是证券公司中的投行业务,从最初的通道、配额到后来的保荐制度,都与资质有关。随着经济的发展及传统金融行业竞争加剧,金融机构从拉存款竞争演变为产品与服务的竞争,稳定的高收益理财产品是它们主要的竞争方式,金融由此进入以产品与服务为中心的金融 2.0 时代,在这方面,最具代表性的是基金。

无论是牌照的金融 1.0 时代,还是在以产品为中心的金融 2.0 时代,融资难与融资贵都是常见的怪现状。这也使中国出现了大量的类金融机构以及繁荣的民间借贷市场。银行借贷动力不足,使得众多中小微型企业得不到有效的金融服务,从而制约发展。此外,我国金融结构也存在不合理问题,例如间接融资比例太大,直接融资比例太小。

网络对金融的影响是巨大的,从网络化的证券交易所到电子银行,网络极大地改变了金融的执行效率。随着金融脱媒步伐加大,由网络技术驱动金融的网络金融时代来临,这就是金融的 3.0 时代。在金融 3.0 时代,"一切产业皆金融"。在网络金融中出现了传统产业网络化、网络企业从事金融服务、第三方支付、众筹、P2P、网络理财、虚拟货币等模式,极大地丰富了传统金融市场。网络金融的出现也如同在沉寂的一潭死水中投下一块巨石,掀起了波澜。传统金融开始全面向网络金融发力,就连中国最大的银行—工商银行也已经杀入网络,而国家开发银行早已杀入 P2P 行业。

由此可见,网络金融凭借其成本低、效率高,同时能解决信息不对称等问题的优势,将在中小微企业融资领域发挥重要作用。应该鼓励与发展多层次资本市场、多层次金融市场,为网络提供资本支持。

2.以网络为核心的产业网络三大方向

消费网络始于网络对第三产业的改造,也就是对服务业的改造,主要集中在销售、广告、日用生活等方面。随着移动网络的发展，以网络为核心的产业网络兴起，产业网络不仅将消费网络时期的第三产业提升到更高的层次，而且范围更为广泛。甚至于可以把网络第三产业（服务业）称为服务网络，而服务网络是产业网络的重要组成部分。

如果按照国民经济的划分方法，网络可以与第一产业、第二产业及第三产业融合，由此形成网络农业、网络工业及网络服务业（服务网络）。在网络服务中，网络金融、网络医疗、网络教育成为新型的现代服务业。而本地化生活服务则为服务网络的核心，是未来生活场景的重要组成部分。

从我国网络目前的发展态势来看，网络已从全面应用到第三产业，形成了诸如网络金融、网络交通、网络医疗、网络教育等新业态，而且正在向第一和第二产业渗透。由此可见，网络工业、网络农业及网络服务业将是网络未来发展的三大方向。

（六）夯实与发展产业网络的技术基础

智能手机等移动终端设备的发明将人类引入移动网络时代，而移动网络则将网络商业化进程从消费网络引入产业网络时代，使网络成为新经济的核心。由此可见，移动网络是产业网络兴起的技术基础，而在移动网络之中，终端、云计算、大数据及宽带网络是核心。在产业网络兴起的浪潮中，上述四项关键技术加速了产业网络时代的到来。

上述四项技术还在不断地发展中，智能终端设备已从智能手机、Pad 开始向智能电视、智能家居、智能汽车、可穿戴设备、基因硬件等进行多元化发展。随着卫星通信技术的进一步发展，网络宽带的处理能力则更加强大，而云计算能力随着连接的扩大进一步增强，并为人类带来了最重要的资产——大数据。

二、网络的未来发展趋势

关于建立在移动网络技术上的网络，大的逻辑是用网络技术与思维去改造传统产业，连接一切是其主要方式。但核心是去中心化、去平台化。这种探索的核心有三个方面：一是不再局限于商业信息是否对称的变革；二是不再局限于信息技术不断创新的变革；三是不再局限于以价格为形态方式发生变化。这些趋势就是网络时代的特征。在网络之下，未来会出现哪些发展趋势呢？

（一）连接与聚合成为网络时代的主旋律

网络的本质是连接，其价值也在于连接，网络商业化的进程表明，连接是其商业化的主要工具与载体，而通过连接产生的强大聚合能力是其手段与目标。无论是门户、电商、搜索、社交无不体现了网络的连接,而电商、社交及搜索的商业化运用则体现了连接背后的聚合能力。

从消费网络到移动网络,网络的连接能力越来越强,时空维度在不断地拓展,这种拓展促进了网络云计算及大数据的应用,开辟了物联网的新领地。

(二)产业网络化、金融化成为大趋势

在移动网络强大的连接能力之下,一切产业皆网络,一切产业皆金融的时代已经来临。建立在移动网络之上的产业网络是典型的价值经济、个性经济、共享经济、体验经济、粉丝经济、众包经济等。众多的细分行业都可以通过网络获得发展机会,在去中心化、去平台化的产业网络时代,提供个性化服务的重度垂直模式将具有商业机会,行业垂直、地域垂直及人群垂直都可以在各自领地获得生存与发展的机会。由此可见,产业网络时代就是一切产业皆网络的时代。

在产业网络中,除了需要强大的物流体系之外,各类交易都需要有金融服务的支持。金融服务支持包括网络支付、网络金融服务等。离开了金融,产业网络就如同缺少了强大的物流体系的支持一样难以发展。因此,一切产业皆金融的时代已经来临。

(三)个性化、定制化需求时代来临

消费网络已激发了用户的各项消费需求,消费经济已从短缺步入过剩时代,价格战与补贴或免费优惠不断上演。在过剩或过度消费时代,那种生产标准化产品的时代即将终结,在满足了基本的需求之后,人类的需求将逐渐向个性化方向发展。而定制化则是个性化的实现手段。定制化本身需要用户参与,以用户体验为中心,为用户提供符合价值需求的产品。从以企业为中心的标准化生产时代到以用户为中心的产业网络时代,网络逐渐向尊重人性的方向发展,实现人性的回归,纵观成功的网络企业与科技公司,无不以洞悉人性为中心,苹果就是典型的代表,而小米则将用户参与发挥到极致。

(四)O2O将成为服务互联网的主要模式

产业网络可以对产业链的研发和生产过程进行重塑,这就催生了大量的商机。在交易过程中,产业网络的交易模式则由线下转移到了线上以及线上线下一体化,代表模式有B2B和O2O。电子商务平台的兴起削弱了长期困扰市场的信息不对称等问题,降低了购买双方大量的时间与经济成本。在这个过程中,壁垒较高的行业可以通过建立垂直电子商务平台,聚热于行业内部,实现市场的细分。

在网络或产业网络时代,无论是服务网络或原来建立在 PC 之上的消费网络,还

是网络传统行业，一个不容争议的发展趋势是线上与线下的高度融合。另外，O2O也将成为主要的发展趋势。离开了线下实体，离开了传统产业，网络将会与金融一样出现空壳化、虚拟化，犹如空中楼阁和海市蜃楼，即便是消费网络时代的电商，也将逐步向O2O方向发展，新建立的本地化生活服务类O2O，电商化特征极其明显。因此，从某种程度上说，O2O将成为新型电商。

（五）智慧工业时代

随着社会的发展，个性化需求会越来越多，在网络技术的支撑下，这种需求也将成为现实。以网络为核心的产业网络不仅是在继续改造和提升作为第三产业的网络，而且已经向工业领域延伸。网络硬件的软硬一体化将造就新的工业体系，人工智能、智能机器人、无人飞机、无人汽车、车联网、物联网、大数据、云计算、可穿戴设备等智慧业将成为产业网络的重要领域，网络已经不再局限于消费领域，而且对于工业化改造的作用越发凸显。纵观世界，在产业网络来临之际，中国已经走在了世界前列。

面对产业网络的浪潮，中国不能错过换代升级的机会。中国传统行业门类齐全，拥有世界上最为齐全的工业体系，为当今世界第一制造大国，在网络时代下，中国就拥有了雄厚的产业基础，如果能够顺应潮流，则会产生更加巨大的发展能量。数量庞大的传统产业、网络用户及巨大的市场需求，这些都是中国产业网络最大的基础。

第 三 章　网络信息技术在审计工作中的应用

第一节　审计风险的相关概念

一、审计风险

（一）定义

审计风险是指审计人员对含有重大不实事项的财务报表产生错误判断的可能性。但是不包括审计人员误以为财务报表有重大差错的风险，也不包括财务报表本身就存在错误的状况下审计人员做出错误判断的风险。

审计风险的影响因素众多，比如自带的固有风险，还有比较重要的控制风险，以及下面将重点分析的检查风险。而固有风险比较特别，是指由企业的客观环境造成的风险，比如企业的发展难以脱离整个行业环境。控制风险是指受托审计单位内部控制管理不完善、系统存在漏洞、体系不健全而出现的风险。而这里所分析的角度和立场主要是检查风险，即由于自身的水平不高、能力有限、专业能力有偏差，使出具的审计报告出现偏差而存在的风险。由于审计具有固有限制，比如说财务报表有其自己的性质而审计程序也有其自己的性质，且审计人员要满足在合理的时间内、用合理的成本、采用性价比高的审计程序完成审计工作的需要，所以注册会计师不可能将审计风险降低在零的水平，因此不能绝对保证财务报表不存在由于舞弊或错误而导致的重大错报的可能性。

（二）特征

一般风险主要包括客观性、普遍性、偶然性、必然性、可变性，审计风险所独有的特征主要包括以下几点：

1. 时效性

审计风险是审计业务的核心，贯穿于审计流程的全过程，当整个审计流程结束，审计风险持续一段时间后也会消失。

2. 可控性

这里主要探讨的是会计师事务所的审计风险。这部分的风险可以通过管理措施控制。例如：提升审计人员的专业素养、建立健全事务所管理制度、增强与被审计对象的沟通力度、接审计项目之前充分了解被审计企业所在行业的各类信息等。

3. 复杂性

随着知识经济时代的来临，行业环境复杂多变，各个企业收集与反馈的信息可能不同，这也使审计风险更为复杂。

二、审计风险管理

（一）定义

审计风险管理，指对于实施的审计流程中，存在错报、漏报等对被审计单位日常经营产生重大影响的相关因素，通过管理思维来对这些风险进行识别与评价，并通过有效的防范手段来对这些风险进行管控，达到降低发生概率的目的。

会计师事务所在开始实质性的审计程序之前，要先对被审计单位做初步的了解及判断，通过对被审计单位的初步调查，可预计承接这项业务可能会带来的审计风险，分析该审计业务出现审计风险的可能性以及由此带来的后果，这样就可以通过风险防范的方式来保障事务所的利益；其次，在实质性审计的过程中防范、识别审计风险的意识以及相应的评估、处理方式，将风险控制在可承受的范围之内，通过风险管理的方式尽可能减少审计风险带来的不良后果，减小审计人员因审计失败导致名誉受损的可能性，这也突出了会计师事务所进行审计风险管理的必要性和重要性。

（二）特征

就会计师事务所而言，优化审计风险管理模式有助于其长远的发展，并且对被审计单位也会产生深刻的影响。

1. 审计内容多样性

网络和大数据的出现，为会计师事务所的数据获得方面带来了便捷。一方面，在信息查询、获取与使用环节降低了成本；另一方面，审计人员可以及时更新与跟进被审计单位的内部数据，也可以快速地获取与被审计单位相关的外部数据。

外部数据主要包括：国家机构对外公开的经济数据和政务数据，以及公司依法发布的各项数据等，这些数据可以协助审计人员进行工作监督和风险评估。在内部数据收集方面，会计师事务所对被审计单位的资产数据、营收数据等各类相关信息进行区分、标识、汇集，并存储到会计师事务所的数据库以供各个分所都能及时查阅。由此,会计师事务所的审计模式由抽样审计转变为全面审计,如此一来开启了审计行业的新一轮革命,丰富的数据支撑,不仅打破了各个主体间信息闭环的局面,同时,审计人员通过多维度、关联性强的数据对比,能更高效地找出隐蔽的风险点,提高审计报告质量。

2. 审计实施"零距离"

大数据环境下的审计形式是基于"云平台"的在线审计。它主要的特征是:整体性、持续性和追踪性。事务所可以依托网络实时更新与跟进被审计单位的各项指标,同时消除了会计师事务所与被审计对象间的时间距离与空间距离。在"零距离"之下,事务所更能全方位地掌握被审计单位的动态,从日常中去捕捉细节,也为日后审计报告的出具夯实基础,提高风险管理效率。

3. 审计风险管理智能性

降低审计风险始终是所有审计环节的主旨,包括从业务承接阶段与被审计单位的沟通以及信息的搜集与提取,到审计计划的制定以及人员的配备,再到审计计划的具体实施,以及根据审计结果出具相应的审计报告。而审计风险管理的智能性体现在审计流程的各个阶段。首先,在审计计划阶段,根据会计师事务所的案例库,针对相似案例触发风险预警系统,根据相似性程度对疑点环节进行重点排查,这为仅依靠审计人员的经验判断风险的行为上了双重保险。在审计实施阶段前期,会计师事务所系统会自动评估被审计项目,并自动给出最佳人员配比组合方案,在审计实施阶段中,审计人员可以使用特定的数据分析模型和流行的数据分析软件来对整体数据进行整合与处理,并根据分析结果生成审计报告,和传统的手工审计流程相比,降低了一定程度的人为出错率,也使得整个审计流程操作更为规范。此外,审计系统会不断跟进审核进程,更新审核项目的实施状态,使各项审计资源一直处于最优配置状态。

第二节　网络时代背景下信息技术在审计管理中的应用

一、人工智能概念

人工智能(AI)的定义可以分为两部分,即"人工"和"智能"。"人工"比较好理解,争议性也不大。但总体来说,"人工智能"就是通常意义下的人工系统。

关于什么是"智能",问题就多了。这涉及其他诸如意识、自我、思维(包括无意识的思维）等问题。人唯一了解的智能是人本身的智能，这是被普遍认同的观点。但是对自身智能的理解都非常有限，对构成人的智能的必要元素也了解有限，所以就很难定义什么是"人工"制造的"智能"了。因此，人工智能的研究往往涉及对人的智能本身的研究。其他关于动物或其他人造系统的智能也普遍被认为是人工智能相关的研究课题。

人工智能目前在计算机领域内，得到了愈加广泛的重视，并在机器人、经济政治决策、控制系统、仿真系统中得到应用。

人工智能学科研究的主要内容包括：知识表示、常识、自动推理和搜索方法、机器学习和知识获取、知识处理系统、自然语言理解、计算机视觉、智能机器人、自动程序设计等方面。

（一）知识表示

知识表示是人工智能的基本问题之一，推理和搜索都与表示方法密切相关。常用的知识表示方法有：逻辑表示法、产生式表示法、语义网络表示法和框架表示法等。

（二）常识

自然为人们所关注，关于如何认识它，人们已提出多种方法，如非单调推理、定性推理就是从不同角度来表达常识和处理常识的。

（三）问题求解

问题求解中的自动推理是知识的使用过程，由于有多种知识表示方法，相应地也有多种推理方法。推理过程一般可分为演绎推理和非演绎推理。逻辑是演绎推理的基础。结构化表示下的继承推理是非演绎性的。由于知识处理的需要，近几年来提出了多种非演绎的推理方法，如连接机制推理、类比推理、基于示例的推理、反绎推理和受限推理等。

（四）搜索

搜索是人工智能的一种问题求解方法。搜索策略决定着问题求解的一个推理步骤中知识被使用的优先关系。其可分为无信息导引的盲目搜索和利用经验知识导引的启发式搜索。启发式知识常由启发式函数来表示，启发式知识利用得越充分，求解问题的搜索空间就越小。近几年搜索方法研究开始注意那些具有百万节点的超大规模的搜索问题。

（五）机器学习

机器学习是人工智能的另一重要课题。机器学习是指在一定的知识表示意义下获取新知识的过程。按照学习机制的不同，主要有归纳学习、分析学习、连接机制学习和遗传学习等。

（六）知识处理

知识处理系统主要由知识库和推理机组成，知识库存储系统所需要的知识，当知识量较大而又有多种表示方法时，知识的合理组织与管理是重要的。推理机在问题求解时，规定使用知识的基本方法和策略，推理过程中为记录结果或通信需要设置数据库或采用黑板机制。如果在知识库中存储的是某一领域（如医疗诊断）的专家知识，则这样的知识系统被称为专家系统。为适应复杂问题的求解需要，单一的专家系统向多主体的分布式人工智能系统发展，这时知识共享、主体间的协作、矛盾的出现和处理将是研究的关键问题。

二、工作流技术

（一）工作流技术的概念

工作流技术是当今一项飞速发展的技术，它最基本的特性就是能够结合人工和机器的行为，特别是能够与应用程序和工具进行交互，从而完成业务过程的自动化处理。工作流技术从出现至今，正逐渐发挥越来越重要的作用。工作流能够为企业提供业务流程建模、管理和控制功能，可以被应用于电子政务中的一站式办公、电子商务中的流程集成和金融信贷业务等领域，成为近期发展较快的技术。

（二）工作流技术的起源与发展

20世纪80年代初期，纸张是各行各业进行日常业务活动所不可替代的载体，包括表单、信函、文件、技术资料等各类与企业密切相关的文档都是以纸张为载体在各部门进行传递的。这种古老的载体在信息的处理、存储、传递、检索方面是低效的，使得人们花费很大的精力在资料的管理、检查上。因此，人们希望出现一种无纸化的计算机环境，利用计算机技术来实现人们对信息日益提高的具体要求。

进入20世纪90年代，随着计算机的普及以及面向技术的发展，机关和企业的信息逐渐出现一种分布、异构的趋势，因此对办公软件提出了新的要求，并使得人们在更深的层次上对办公自动化进行更深入的研究。1993年，国际工作流管理联盟（WMC）在欧洲成立，它标志着工作流技术开始进入相对成熟的阶段。为了实现不同工作流产品之间的互操作,WMC在工作流管理系统的相关术语、体系结构及应用编程接口等方面制定了一系列标准。国际工作流管理联盟给出的工作流定义是:工作流是指整个或部分经营过程在计算机支持下的全自动或半自动化。工作流管理系统(WMS)指运行在一个或多个工作流引擎上用于定义、实现和管理工作流运行的一套软件系统,它与工作流执行者交互,推进工作流实例的执行,并监控工作流的运行状态。

(三)工作流技术的应用

工作流技术已成为企业信息化建设方案中必不可少的内容之一。从简单的办公自动化系统的开发,到企业 ERP 系统的实施,再到为提高企业运营效率而出现的BPR 及 BPM 系统,工作流技术都发挥了相当重要的甚至是关键的作用。随着 EAI(企业应用集成)的兴起,EAI 所涉及的各种支撑技术也在快速地发展,工作流技术为实现应用层的集成提供了有力的支撑。

工作流在流程管理中的应用分为三个阶段:流程建模、流程仿真和流程改进或优化。流程建模是用清晰和形式化的方法表示流程的不同抽象层次,可靠的模型是流程分析的基础,流程仿真是为了发现流程存在的问题以便为流程的改进提供指导。这三个阶段是不断演进的过程。它们的无缝连接是影响工作流模型性能的关键因素,也是传统流程建模和流程仿真存在的主要问题。

工作流技术在流程建模中基本上还采用流程图类的描述工具,工作流描述语言也是对流程形式化的简单描述,并未包含企业流程系统存在的不确定处理机制。工作流模型的仿真和优化也是一个比较薄弱的环节,国内外在这方面的研究进展不大。传统的工作流模型在运行前需要实例化,工作流管理工具也没有为流程模型的仿真及仿真数据的统计和分析提供手段,为了实现流程变化管理各阶段的有效集成,需要结合有效的流程建模、仿真和工作流技术。

三、数据挖掘技术

(一)数据挖掘概述

数据挖掘(DM)又称数据库中的知识发现(KDD),是目前人工智能和数据库领域研究的热点问题。所谓数据挖掘,是指从数据库的大量数据中揭示出隐含的、先前未知的并有潜在价值的信息的非平凡过程。数据挖掘是一种决策支持过程,它主要基于人工智能、机器学习、模式识别、统计学、数据库、可视化技术等,高度自动化地分析企业的数据，做出归纳性的推理，从中挖掘出潜在的模式，帮助决策者调整市场策略，减少风险，做出正确的决策。

（二）数据挖掘的定义

1. 技术上的定义

数据挖掘就是从大量的、不完全的、有噪声的、模糊的、随机的实际应用数据中，提取有用的信息和知识的过程。这个定义包括好几层含义：数据源必须是真实的、大量的、含噪声的；发现的是用户感兴趣的知识；发现的知识是可接受、可理解、可运用的；并不要求发现放之四海皆准的知识，仅支持特定的问题。

与数据挖掘相近的同义词有数据融合、人工智能、商务智能、模式识别、机器学习、知识发现、数据分析和决策支持等。

何为知识？从广义上理解，数据、信息也是知识的表现形式，但是人们更把概念、规则、模式、规律和约束等看作知识。人们把数据看作形成知识的源泉，好像从矿石中采矿或淘金一样。原始数据可以是结构化的，如关系数据库中的数据；也可以是半结构化的，如文本、图形和图像数据；甚至可以是分布在网络上的异构型数据。发现知识的方法可以是数学的，也可以是非数学的；可以是演绎的，也可以是归纳的。发现的知识可以被用于进行信息管理、查询优化、决策支持和过程控制等，还可以被用于数据自身的维护。因此，数据挖掘是一门交叉学科，它把人们对数据的应用从低层次的简单查询，提升到从数据中挖掘知识，提供决策支持。在这种需求的牵引下，不同领域的研究者汇聚在一起，尤其是数据库技术、人工智能技术、数理统计、可视化技术、并行计算等方面的学者和工程技术人员，他们投身到数据挖掘这一新兴的研究领域，形成新的技术热点。

这里所说的知识发现，不是要求发现放之四海而皆准的真理，也不是要去发现崭新的自然科学定理和纯数学公式，更不是要去发现什么机器定理证明。实际上，所有发现的知识都是相对的，是有特定前提和约束条件、面向特定领域的，同时还要易于被用户理解，最好能用自然语言表达所发现的结果。

2. 商业角度的定义

数据挖掘是一种新的商业信息处理技术，其主要特点是对商业数据库中的大量业务数据进行抽取、转换、分析和其他模型化处理，从中提取辅助商业决策的关键性数据。

简而言之，数据挖掘其实是一类深层次的数据分析方法。数据分析本身已经有很多年的历史，只不过，过去数据收集和分析的目的是用于科学研究。另外，由于当时计算能力的限制,对大数据量进行分析的复杂数据分析方法受到很大限制。现在,由于各行业业务自动化的实现,商业领域产生了大量的业务数据,这些数据不再是出于分析的目的而被收集,而是由于纯机会的商业运作而产生。分析这些数据也不再是单纯出于研究的需要,更主要的是为商业决策提供真正有价值的信息,进而获得利润,但所有企业面临的一个共同问题是:企业数据量非常大、而其中真正有价值的信息却很少,因此对大量的数据进行深层分析,获得有利于商业运作、提高竞争力的信息,就像从金矿中淘金一样,数据挖掘也因此而得名。

因此,数据挖掘可以描述为:按企业既定业务目标,对大量的企业数据进行探索和分析,揭示隐藏的、未知的或验证已知的规律性并进一步将其模型化的先进有效的方法。

(三)数据挖掘常用的方法

利用数据挖掘进行数据分析常用的方法主要有分类、回归分析、聚类分析、关联规则、特征分析、变化和偏差分析、Web页挖掘等,它们分别从不同的角度对数据进行挖掘。

1. 分类

分类是找出数据库中一组数据对象的共同特点并按照分类模式将其划分为不同的类,其目的是通过分类模型,将数据库中的数据项映射到某个给定的类别。它可以被应用于客户的分类、客户的属性和特征分析、客户满意度分析、客户的购买趋势预测等方面。

2. 回归分析

回归分析方法反映的是数据库中属性值在时间上的特征,产生一个将数据项映射到一个实值预测变量的函数,发现变量或属性间的依赖关系,其主要研究问题包括数据序列的趋势特征、数据序列的预测以及数据间的相关关系等。它可以被应用于市场营销的各个方面,如客户寻求、保持和预防客户流失活动、产品生命周期分析、销售趋势预测及有针对性的促销活动等。

3. 聚类分析

聚类分析是把一组数据按照相似性和差异性分为几个类别,其目的是使得属于同一类别的数据间的相似性尽可能大,不同类别的数据间的相似性尽可能小。它可以被应用于客户群体的分类、客户背景分析、客户购买趋势预测、市场的细分等方面。

4. 关联规则

关联规则是描述数据库中数据项之间所存在的关系的规则，即根据一个事务中某些项的出现可导出另一些项在同一事务中也出现，即隐藏在数据间的关联或相互关系。在客户关系管理中，通过对企业的客户数据库里的大量数据进行挖掘，可以从大量记录中发现有趣的关联关系，找出影响市场营销效果的关键因素，为产品定位、定价与定制客户群，客户寻求、细分与保持，市场营销与推销，营销风险评估和诈骗预测等决策提供参考依据。

5. 特征分析

特征分析是从数据库中的一组数据中提取出关于这些数据的特征式，这些特征式表达了该数据集的总体特征。例如，营销人员通过对客户流失因素特征的提取，可以得到导致客户流失的一系列原因和主要特征，利用这些特征可以有效地预防客户的流失。

6. 变化和偏差分析

偏差包括很大一类潜在有趣的知识，如分类中的反常实例、模式的例外、观察结果对期望的偏差等，其目的是寻找观察结果与参照量之间有意义的差别。在企业危机管理及其预警中，管理者更感兴趣的是那些意外规则。意外规则的挖掘可以被应用于各种异常信息的发现、分析、识别、评价和预警等方面。

7. Web 页挖掘

随着 Internet 的迅速发展及 Web 的全球普及，Web 上的信息量无比丰富，可以对 Web 进行挖掘，利用 Web 的海量数据进行分析，收集与政治、经济、政策、科技、金融、各种市场、竞争对手、供求信息、客户等有关的信息，集中精力分析和处理那些对企业有重大或潜在重大影响的外部环境信息和内部经营信息，并根据分析结果找出企业管理过程中出现的各种问题和可能引起危机的先兆，对这些信息进行分析和处理，以便识别、分析、评价和管理危机。

（四）数据挖掘的功能

数据挖掘通过预测未来趋势及行为，使管理者做出前瞻性的、基于知识的决策：数据挖掘的目标是从数据库中发现隐含的、有意义的知识，其主要有以下五类功能：

1. 自动预测趋势和行为

数据挖掘能自动在大型数据库中寻找预测性信息，以往需要进行大量手工分析解决的问题，如今可以迅速地直接由数据本身得出结论。一个典型的例子是市场预测问题，数据挖掘使用过去有关促销的数据来寻找未来投资中回报最大的用户，其他可预测的问题包括预报破产以及识别对指定事件最可能做出反应的群体。

2. 关联

数据关联是数据库中存在的一类重要的可被发现的知识。若两个或多个变量的取值之间存在某种规律性，就称之为关联。关联可分为简单关联、时序关联、因果关联。关联分析的目的是找出数据库中隐藏的关联网。有时人们并不知道数据库中数据的关联函数，即使知道也是不确定的，因此，关联分析生成的规则带有可信度。

3. 聚类

数据库中的记录可被划分为一系列有意义的子集，即聚类。聚类增强了人们对客观现实的认识，是概念描述和偏差分析的先决条件。聚类技术主要包括传统的模式识别方法和数学分类学：在划分对象时不仅考虑对象之间的距离，还要求划分出的类具有某种内涵描述，从而避免了传统技术的某些片面性。

4. 概念描述

概念描述就是对某类对象的内涵进行描述，并概括这类对象的有关特征。概念描述分为特征性描述和区别性描述，前者描述某类对象的共同特征，后者描述不同类对象之间的区别。生成一类对象的特征性描述只涉及该类对象中所有对象的共性。生成区别性描述的方法有很多，如决策树方法、遗传算法等。

5. 偏差检测

数据库中的数据常有一些异常记录，从数据库中检测这些偏差很有意义。偏差包括很多潜在的知识，如分类中的反常实例、不满足规则的特例、观测结果与模型预测值的偏差、测量值随时间的变化等。偏差检测的基本方法是寻找观测结果与参照值之间有意义的差别。

（五）数据挖掘常用技术

常用的数据挖掘技术有：①人工神经网络；②决策树；③遗传算法；④近邻算法；⑤规则推导。

（六）数据挖掘的流程

1. 数据挖掘

数据挖掘是指一个完整的过程，该过程从大型数据库中挖掘先前未知的、有效的、实用的信息，并使用这些信息做出决策或丰富知识。

2. 数据挖掘过程的工作量

在数据挖掘中被研究的业务对象是整个过程的基础，它驱动了整个数据挖掘过程，也是检验最后结果和指引分析人员完成数据挖掘的依据和顾问。数据挖掘的过程并不是自动的，绝大多数的工作需要人工完成。

3. 数据挖掘过程简介

过程中各步骤的内容如下：

（1）确定业务对象

清晰地定义出业务问题，认清目的是进行数据挖掘的重要一步。挖掘的结果是不可预测的，但要探索的问题应是有预见性的，为了数据挖掘而数据挖掘则带有盲目性，是不会成功的。

（2）数据准备

①数据的选择

搜索所有与业务对象有关的内部和外部数据信息，并从中选择出适用于数据挖掘应用的数据。

②数据的预处理

研究数据的质量，为进一步分析做准备，并确定将要进行的挖掘操作的类型。

③数据的转换

将数据转换成一个分析模型。这个分析模型是针对挖掘算法建立的。建立一个真正适合挖掘算法的分析模型是数据挖掘成功的关键。

（3）数据挖掘

对所得到的经过转换的数据进行挖掘，除了完善合适的挖掘算法外，其余一切工作都能自动地完成。

（4）结果分析

解释并评估结果，其使用的分析方法一般应视数据挖掘操作而定，通常会用到可视化技术。

（5）知识的同化

将分析所得到的知识集成到业务信息系统的组织结构中去。

4. 数据挖掘需要的人员

数据挖掘过程是分步实现的，不同的步骤会需要有不同专长的人员，他们大体可以被分为三类。

（1）业务分析人员

要求精通业务，能够解释业务对象，并根据各业务对象确定用于数据定义和挖掘算法的业务需求。

（2）数据分析人员

精通数据分析技术，并较熟练地掌握统计学，有能力把业务需求转化为数据挖掘的各步操作，并为每步操作选择合适的技术。

（3）数据管理人员

精通数据管理技术，并从数据库或数据仓库中收集数据。

从以上介绍可以看出，数据挖掘是一个多种专家合作的过程，也是一个在资金上和技术上高投入的过程。这一过程要反复进行。在反复进行的过程中，不断地趋近事物的本质，不断地优化问题的解决方案。主要内容包括数据重组和细分、添加和拆分记录、选取数据样本、可视化数据探索、聚类分析神经网络、决策树数理统计、时间序列结论、综合解释评价数据知识、数据取样、数据探索、数据调整模型化评价。

（七）数据挖掘与传统分析方法的区别

数据挖掘与传统的数据分析（如查询、报表、联机应用分析）的本质区别在于数据挖掘是在没有明确假设的前提下去挖掘信息、发现知识。数据挖掘所得到的信息应具有先前未知、有效和实用三个特征。

先前未知是指该信息是预先未曾预料到的，即数据挖掘是要发现那些不能靠直觉发现的信息或知识，甚至是违背直觉的信息或知识，挖掘出的信息越是出乎意料，就可能越有价值。在商业应用中最典型的例子就是一家连锁超市通过数据挖掘发现了小孩尿不湿和啤酒之间有着惊人的联系。

（八）数据挖掘和数据仓库

在大部分情况下，数据挖掘都要先把数据从数据仓库中拿到数据挖掘库或数据集市中。从数据仓库中直接得到进行数据挖掘的数据有许多好处。数据仓库的数据清理和数据挖掘的数据清理差不多，如果数据在导入数据仓库时已经清理过，那很可能在做数据挖掘时就没必要再清理一次了，而且所有的数据不一致问题都已经被解决了。

数据挖掘库可能是数据仓库的一个逻辑上的子集，而不一定非得是物理上单独的数据库。但如果数据仓库的计算资源已经很紧张，那最好还是建立一个单独的数据挖掘库。

当然为了数据挖掘也不必非得建立一个数据仓库，数据仓库不是必需的。建立一个巨大的数据仓库，把各个不同源的数据统一在一起，解决所有的数据冲突问题，然后把所有的数据导入一个数据仓库内，是一项巨大的工程，可能要用几年的时间，花上百万元才能完成。如果只是为了数据挖掘，可以把一个或几个事务数据库导入一个只读的数据库中，把它当作数据集市，然后在它上面进行数据挖掘。

（九）数据挖掘与机器学习和统计

数据挖掘利用了人工智能和统计分析的进步所带来的好处。这两门学科都致力于模式发现和预测。数据挖掘不是为了替代传统的统计分析技术。相反，它是统计分析方法学的延伸和扩展。大多数的统计分析技术都基于完善的数学理论和高超的技巧，预测的准确度还是令人满意的，但对使用者的要求很高。而随着计算机计算能力的不断增强，有可能利用计算机强大的计算能力，只通过相对简单和固定的方法就能够完成同样的功能。

一些新兴的技术同样在知识发现领域取得了很好的效果，如神经元网络和决策树，在足够多的数据和足够强的计算能力下，它们几乎不用人的"关照"，就能自动完成许多有价值的功能。

数据挖掘就是利用了统计和人工智能技术的应用程序，把这些高深复杂的技术封装起来，使人们不用自己掌握这些技术也能完成同样的功能，并且更专注于自己所要解决的问题。

四、人工神经网络

（一）人工神经网络概述

人工神经网络（ANNs），简称为神经网络（NNs），或称作连接模型，是对人脑或自然神经网络若干基本特性的抽象和模拟。人工神经网络以对大脑的生理研究成果为基础，目的在于模拟大脑的某些机理与机制，实现某个方面的功能。人工神经网络是由人工建立的以有向图为拓扑结构的动态系统，它通过对连续或断续的输入状态进行相应的信息处理。人工神经网络是在现代神经科学的基础上提出来的，它虽然反映了人脑功能的基本特征，但远不是自然神经网络的逼真描写，而只是它的某种简化抽象和模拟。

（二）人工神经网络的优点

人工神经网络的以下几个突出的优点使它近年来受到人们的极大关注：①可以充分逼近任意复杂的非线性关系；②所有定量或定性的信息都等势分布储存于网络

内的各神经元中,故有很强的鲁棒性和容错性;③采用并行分布处理方法,使得快速进行大量运算成为可能;④可学习和自适应不知道或不确定的系统;⑤能够同时处理定量、定性知识。

(三)人工神经网络的特点与优越性

人工神经网络的特点和优越性,主要表现在三个方面:

第一,具有自学功能。例如实现图像识别时,只要先把许多不同的图像样板和对应的应识别结果输入人工神经网络,网络就会通过自学功能,慢慢学会识别类似的图像。自学功能对于预测有特别重要的意义。预期未来的人工神经网络计算机将为人类提供经济预测、市场预测、效益预测等功能,其应用前景是很远大的。

第二,具有联想存储功能。用人工神经的反馈网络就可以实现这种联想。

第三,具有高速寻找优化解的能力。寻找一个复杂问题的优化解,往往需要很大的计算量,利用一个针对某问题而设计的反馈型人工神经网络,能发挥计算机的高速运算能力,可能会很快找到优化解。

(四)人工神经网络的主要研究方向

神经网络的研究可以分为理论研究和应用研究两大方面。

理论研究可分为以下两类:

第一,利用神经生理与认知科学,研究人类思维以及智能机理。

第二,利用神经基础理论的研究成果,用数理方法探索功能更加完善、性能更加优越的神经网络模型,深入研究网络算法和性能,如稳定性、收敛性、容错性、鲁棒性等;开发新的网络数理理论,如神经网络动力学、非线性神经场等。

应用研究可分为以下两类:

第一,神经网络的软件模拟和硬件实现的研究。

第二,神经网络在各个领域中应用的研究。这些领域主要包括:模式识别、信号处理、知识工程、专家系统、优化组合、机器人控制等。随着神经网络理论本身以及相关理论、相关技术的不断发展,神经网络的应用定将更加深入。

(五)人工神经网络的应用分析

神经网络近来越来越受到人们的关注,因为它为解决复杂度高的问题提供了一种相对比较有效的简单方法。神经网络可以很容易地解决具有上百个参数的问题(当然实际生物体中存在的神经网络比这里所说的程序模拟的神经网络要复杂得多)。神经网络常用于两类问题:分类和回归。

在结构上,可以把一个神经网络划分为输入层、输出层和隐含层。输入层的每个节点对应一个预测变量。输出层的节点对应目标变量,可有多个。在输入层和输出层之间是隐含层(对神经网络使用者来说不可见),隐含层的层数和每层节点的个数决定了神经网络的复杂度。

神经网络的每个节点都可表示成预测变量(节点1、节点2)的值或值的组合(节点3至节点6)。注意节点6的值已经不再是节点1、节点2的线性组合,因为数据在隐含层中传递时使用了活动函数,实际上如果没有活动函数的话,神经元网络就等价于一个线性回归函数,如果此活动函数是某种特定的非线性函数,那神经网络又等价于逻辑回归。

调整节点间连接的权重就是在建立(也称训练)神经网络时要做的工作。最早的也是最基本的权重调整方法是错误回馈法,现在较新的方法有变化坡度法、类牛顿法、Levenberg-Marquardt法和遗传算法等。无论采用哪种训练方法,都需要有一些参数来控制训练的过程,如防止训练过度和控制训练的速度。

决定神经网络拓扑结构(或体系结构)的是隐含层及其所含节点的个数,以及节点之间的连接方式。要从头开始设计一个神经网络,必须要决定隐含层和节点的数目、活动函数的形式,以及对权重做哪些限制等,当然如果采用成熟软件工具的话,它会帮你决定这些事情。

可以认为错误回馈式训练法是变化坡度法的简化,其过程如下:

前向传播:数据从输入到输出的过程是一个从前向后的传播过程,后一节点的值通过它前面相连的节点传过来,然后把值按照各个连接权重的大小加权输入活动函数再得到新的值,进一步传播到下一个节点。

回馈:当节点的输出值与预期的值不同,也就是发生错误时,神经网络就要"学习"(从错误中学习)。可以把节点间连接的权重看成后一节点对前一节点的"信任"程度(它自己向下一节点的输出更容易受它前面那个节点输入的影响)。学习采用惩罚的方法,过程如下:如果一节点输出发生错误,那么它看这个错误是受哪个(些)输入节点的影响而造成的,是不是它最信任的节点(权重最高的节点)陷害了它(使它出错),如果是,则要降低对它的信任值(降低权重),惩罚它(们),同时升高那些做出正确建议节点的信任值。对那些受到惩罚的节点来说,也需要用同样的方法来进一步惩罚它(们)前面的节点。就这样把惩罚一步步向前传播直到输入节点为止。

对训练集中的每一条记录都要重复这个步骤,用前向传播得到输出值,如果发生错误,则用回馈法进行学习。当把训练集中的每一条记录都运行过一遍之后,就完成一个训练周期。要完成神经网络的训练可能需要很多个训练周期,经常是几百个。

训练完成之后得到的神经网络就是在通过训练集发现的模型，描述了训练集中响应变量受预测变量影响的变化规律。

由于神经网络隐含层中的可变参数太多，如果训练时间足够长的话，神经网络很可能把训练集的所有细节信息都"记"下来，而不是建立一个忽略细节只具有规律性的模型，这种情况被称为训练过度。显然这种"模型"对训练集会有很高的准确率，而一旦离开训练集应用到其他数据，很可能准确度急剧下降。为了防止这种训练过度的情况，必须知道在什么时候要停止训练。有些软件实现会在训练的同时用一个测试集来计算神经网络在此测试集上的正确率，一旦这个正确率不再升高甚至开始下降时，那么就认为现在神经网络已经达到最好的状态了，可以停止训练了。

神经网络和统计方法在本质上有很多差别。神经网络的参数可以比统计方法多很多。由于参数如此之多，加之参数通过各种各样的组合方式来影响输出结果，以至于很难对一个神经网络表示的模型做出直观的解释。实际上神经网络也被当作"黑盒"来用的，不用去管"盒子"里面是什么，只管用就行了。在大部分情况下，这种限制条件是可以接受的。比如银行可能需要一个笔迹识别软件，但它没必要知道为什么这些线条组合在一起就是一个人的签名，而另外一个相似的则不是。在很多复杂度很高的问题上，如化学试验、机器人、金融市场的模拟和语言图像的识别等领域，神经网络都取得了很好的效果。

神经网络的另一个优点是很容易在并行计算机上实现，可以把它的节点分配到不同的 CPU 上并行计算。

在使用神经网络时有几点需要注意：

第一，神经网络很难解释，目前还没有能对神经网络做出全面解释的方法学。

第二，神经网络会训练过度，在训练神经网络时一定要恰当地使用一些能严格衡量神经网络的方法，如前面提到的测试集方法和交叉验证法等。这主要是由于神经网络太灵活、可变参数太多，如果有足够的时间，它几乎可以"记住"任何事情。

第三，除非问题非常简单，否则训练一个神经网络可能需要相当可观的时间才能完成。当然，一旦神经网络建立好了，在用它做预测时，运行还是很快的。

第四，建立神经网络需要做的数据准备工作量很大。一句很有误导性的话就是：不管用什么数据，神经网络都能很好地工作并做出准确的预测。这是不确切的，要想得到准确度高的模型必须认真地进行数据清洗、整理、转换、选择等工作，对任何数据挖掘技术而言都是这样，神经网络尤其注重这一点。比如神经网络要求所有的输入变量都必须是 0～1（或 -1～+1）之间的实数，因此像"地区"之类的文本数据必须先做必要的处理之后才能被用作神经网络的输入。

第四章　网络审计质量控制研究

第一节　网络时代背景下审计质量控制模式与方法策略

一、审计质量控制模式的设计原则

审计质量控制模式是指审计质量控制的基本构思和基本框架。它决定着审计质量系统的运行轨迹和状态，决定着审计质量控制的方式、手段和方法，关系着审计质量控制各要素的合理分布和工作方式。因此，审计质量控制的基本模式设计，是审计质量控制研究的中心环节，是实现审计质量最优控制的基础和前提。我国审计质量控制模式的设计应遵循如下七项基本原则：

（一）现实性原则

所谓现实性原则，是指所设计的控制模式必须与我国审计体制所赖以存在的社会现实相符。既符合我国社会主义经济发展的要求，又符合审计质量控制的要求。

（二）稳定性原则

指审计质量控制模式的设计，在较长时间内应具有一定的相对稳定性。只有这样，才能在人的思想中形成稳定的质量控制观念，才能使人们对于审计质量的控制有一个明确的思路，才能把一切关于审计质量的问题，置于既定的质量控制模式中进行分析、研究和处理。

（三）灵敏性原则

指所要设计的质量控制模式应具备灵敏的控制嗅觉和反应，能够及时地发现和捕捉审计质量信息，并对所获得的信息迅速地进行处理，及时地采取相应措施纠正审计质量系统运行过程中的偏差行为。

（四）效率性原则

指所设计的质量控制模式除必须具有一定的强度外，还必须给审计质量的控制留有一定的空间,使每个控制方位上的工作人员在高度责任感的驱使下,能够充分发挥其积极性和创造性,从而推动整个审计质量控制系统高效地运转。

(五)有机整合原则

指在所设计的审计质量控制模式中,审计质量控制系统的各子系统、各部分之间必须具有有机的联系,能够有机地整合为一体,发挥审计质量控制的整体效能。

(六)最大能控性原则

所谓最大能控性原则,是指所设计的控制模式能够使被控系统运行过程中可能出现的各种不良状态得到最大限度的控制。

它包含两层意思:①在所设计的控制模式中,被控系统是可控的,也就是说具有能控性;②在所设计的控制模式中,被控系统能够得到最大限度的控制。因为,在实际工作中期望所设计的控制模式能够使被控系统运行过程中所有可能出现的各种不良状态完全得到控制是不现实的,而使之得到最大限度的控制则是进行该项控制模式设计所追求的目标。这主要由被控系统的复杂性和审计质量控制诸要素本身所具备的条件所决定。

(七)最优控制原则

所谓最优控制原则,是指所设计的控制模式,在给定的约束条件下,能够使被控系统呈现最优的状态。即通过控制,能够使被控系统的性能指标实现最佳值。它通常是通过控制结果与控制目标的符合程度来测定的。

二、我国审计质量控制模式的基本结构

根据我国的社会主义审计体制和质量控制模式的设计原则,我国审计质量控制模式的基本结构应该设计为:系统质量控制模式、总体质量控制模式和项目质量控制模式三个层次。

其中,系统质量控制模式属于宏观审计质量控制范畴,它主要是从审计系统的角度研究审计工作的质量控制问题,其中心议题是如何在全国范围内加强审计质量的管理和控制,从而保证全国的审计工作质量能够符合审计质量标准要求;总体质量控制模式是指某一审计机关从总体的角度对其审计质量所进行的全面质量控制。它属于中观审计质量控制范畴,主要是从某一审计机关的角度研究审计质量的控制问题,其中心议题是如何加强和搞好该审计机关内部审计质量的管理和控制,从而保证其全部审计工作质量能够符合既定的审计标准要求;项目质量控制则属于微观审

计质量控制范畴，它主要是从项目作业的角度研究审计质量的控制问题，其中心议题是如何加强对审计各业务环节、各部位的质量控制，从而保证审计项目的作业质量符合审计质量标准要求。

系统质量控制模式、总体质量控制模式和项目质量控制模式三者之间是既各自独立、又相互依存的关系。说其各自独立，是指三者各自自成体系，各有的层次结构、运动形式和工作特点；说其相互依存，是指系统质量控制是后两项控制的前提条件，它为后两项控制创造和提供控制环境，制订和下达控制的方针、政策、法规、制度、准则和各项标准性文件，从某种程度上说，它包容了后两项控制，但又不能取代后两项控制。总体质量控制是系统质量控制的基础，同时又是项目质量控制的前提和保证，没有总体质量控制，要搞好项目质量控制是不可能的。而项目质量控制是前两项控制的基础，如果没有项目质量控制，那么，前两项控制便会成为空中楼阁，失去了其存在的基础。因此加强审计的项目质量控制又是研究审计质量控制的重点内容。

（一）系统质量控制模式

不同环境下的审计质量控制模式是不相同的。我国审计质量控制的模式设计，应从我国的基本国情出发，充分考虑我国审计体制所赖以存在的社会环境、法律环境和我国审计体制本身的法律地位及领导特点。

国务院设立审计机关，对国务院各部门和地方各级政府的财政收支，对国家的财政金融机构和企业事业单位组织的财务收支，进行审计监督。

审计机关在国务院总理领导下，依照法律规定独立行使审计监督权，不受其他行政机关、社会团体和个人的干涉。

国务院设立审计署，在国务院总理的领导下，主管全国的审计工作。审计长是审计署的行政首长，省、自治区、直辖市、设区的市、自治州、县、自治县、不设区的市、市辖区的人民政府的审计机关，分别在省长、自治区主席、市长、州长、县长、区长和上一级审计机关的领导下，负责本行政区域内的审计工作。地方各级审计机关对本级人民政府和上一级审计机关负责并报告工作，审计业务以上级审计机关领导为主。这就说明：

其一，我国审计机关的设置，是以宪法为依据的，它代表国家意志行使审计权力，并且审计工作的开展具有强制性、独立性和权威性特点。

其二，审计机关实行双重领导体制，业务以上级审计机关领导为主。由此也可以说明，审计业务的管理具有较强的系统性和层次性的特点。

其三，上级审计机关对其下级审计机关的业务工作有布置、检查、考核、评价和行政复议的权利,并且有义务、有责任对其下级审计机关的工作质量进行管理和控制。

审计署是全国范围内审计工作质量的管理和控制中心,它一方面制定关于审计工作质量方面的法规、标准和制度,要求各级审计机关严格按其有关规定和标准开展审计工作,执行审计作业,保证审计质量;一方面要尽快地加强审计工作的制度化、法治化和规范化管理,并按照有关规定,对我国各级审计机关的审计工作质量情况进行定期和不定期的逐级检查和考核,加强审计工作的管理和控制,只有这样才能真正使审计的较高层次监督作用得以全面发挥。

基于我国社会主义审计体制的特点,要对审计质量实施有效控制,根据控制论的系统控制原理,应采取分级控制的原则,将系统质量控制设计为多层递阶控制模式。

(二)总体质量控制模式

总体质量控制,是指各级审计机关为了保证其业务范围内的总体工作质量而采取的一系列措施和办法。这里所说的总体,是就系统质量控制模式中每一控制层级上的每一控制单元而言,亦就各级审计机关自身而言,总体质量则是指各级审计机关自身业务的总体质量。

作为一个专业的审计组织,它有义务保证所进行的审计工作的质量在计划、现场工作、审计结果评价和审计报告方面,以及包括在必要时提出建议等方面,都应具备很高的标准。

它说明每一审计机关都必须首先保证其自身的工作质量符合既定的审计质量标准要求,指出了各级审计机关在加强总体质量控制方面的重要意义。

就我国现行的审计体制来看,毫无疑问,总体质量控制作为一种普遍的控制模式,贯穿于系统质量控制模式的始终,即自审计署而下,每一控制层级上的每一控制单元都必须承担对于自身业务的总体质量控制任务,有权利有责任搞好自身的质量控制,当然审计署也不例外。

根据现行审计体制下各级审计机关的审计工作特点,其总体质量控制宜设计为分层反馈控制模式。

与系统质量控制模式相比,分层反馈总体质量控制模式具有如下特点:

第一,分层反馈控制模式由反馈控制和前馈控制耦合而成。就控制的整体来看,它是一个反馈控制,就控制的过程来看,它又具有前馈控制的特点。因此,能够将大量的质量偏差行为限制和抑制于发生和发展的过程之中,减少审计质量偏差对于审计质量输出的影响,增强了审计质量控制的灵敏性。

第二,分层控制特点。结构上的层次性使分层控制成为可能。它能够把各种具体的审计质量问题限制在其所发生和发展的不同层次中，便于对其进行定性分析和定量分析，及时地进行有效控制。

第三，行政控制特点。在分层控制模式中，各控制层次之间是自然的行政控制关系。由于行政控制属于直接控制范畴，它具有强制性，所以在一定程度上增强了审计质量控制的刚性和力度，在关键时刻，其控制主体可以采取行政措施，令其控制客体严格按规定的程序和标准操作，以确保审计质量。

第四，同时，分层控制也包含了集中控制和分散控制。即由本级领导决策层向下施行集中控制，各被控制层横向上则属于分散控制。具体说来，就是各业务处（科）室分别按照接受的集中控制的部分信息，搞好本业务范围内的质量控制。这样，所有的业务处（科）室都可对其业务范围内的工作质量进行有效控制，那么也就保证了总体质量的控制。

在总体质量控制中，实行分散控制有着自己的优点：一是由于每一分散控制主体（各业务主管）所接受的控制信息只是本级领导决策层所发布控制信息的一部分，并且具有较强的专业特点，便于很快地做出控制决策，提高控制效果；二是由于分散控制，横向上没有业务联系，没有直接互控关系，所以，一旦某一分散控制出现故障，其他分散控制可继续正常运转，不受影响。一定程度上能够保持总体质量控制的稳定性和可靠性。

（三）项目质量控制模式

审计项目质量是审计质量内容构成的最基本单元，它有着自己的构成形式和运动形式，具有独立性、过程性、因果性和整体性的特点。因此，项目质量控制是审计质量控制的中心环节，也是审计质量控制的基础控制。大量的和主要的审计质量控制内容，都存在于项目质量控制之中，从这种意义上，可以说搞好项目质量控制是搞好整个审计质量控制的关键。

根据审计项目质量的内容和特点，要对其施行有效控制，可以把它的控制模式设计为跟踪反馈控制模式。

跟踪反馈项目质量控制模式的特点：

1. 过程控制特点

项目质量控制跟踪项目运行的全过程，它以审计的工作程序为控制程序，能够及时地发现审计工作中出现的各种偏差行为，并且在一定程度上可以预测质量偏差行为的发生和发展，能够积极地采取控制措施，将一部分可能出现的质量问题制于未萌。

2. 多元控制特点

即在项目质量控制模式中,控制的主体具有多元化的特点,也就是说,在项目的运行过程中,各个阶段有各个阶段的控制主体,各控制主体各在其职责范围内施行控制。

3. 责任控制特点

实行项目质量控制能够使项目运行的各个过程、各个环节、各个方面全部笼罩在所能够控制的区域之内,能够将可能发生的各种质量偏差行为限制在其发生的区间和部位,以明确其质量责任,从而及时地加强责任控制。

4. 实行项目质量控制

相对划小了质量控制的范围,能够把审计的总体责任进行项目分解,相对增强了审计质量的单位控制强度。各项目负责人一般对所负责项目的业务相当熟悉,比较了解该项目业务上的难点和薄弱环节,有利于在项目的运行过程中进行个别控制和重点控制。

三、信息时代审计质量控制的常用方法策略

(一)计划管理控制法

计划管理控制法,是指通过加强审计工作的计划管理,以达到审计质量控制目的的方法。其主要内容是:审计署根据全年的工作重点和要求,负责编制全国的审计工作计划,安排全国统一开展行业审计、专项资金审计和对中央单位的审计计划;地方各级审计机关根据上级审计机关精神和本级人民政府的审计要求负责编制本地区和本级机关的审计工作计划。

审计工作计划的内容主要包括两个方面,一是审计工作的指导思想、方针、重点,审计项目,审计调查项目,实现计划任务的主要措施等;二是审计工作指标,包括全国审计项目和审计单位数,自定项目和审计单位数,调查审计和审计调查单位数。

审计工作实行计划管理是我国社会主义审计的特点,它不仅是各级审计机关组织领导审计工作的基本方法,同时也是各级审计机关组织和加强审计质量控制的基本方法。通过对各级审计机关审计工作计划执行情况进行检查,可以分析和考察其工作进度情况、工作规模情况及审计工作的总体质量情况,从而督促各级审计机关提高审计工作效率,保证审计工作质量。

(二)目标管理控制法

目标管理控制法是指通过加强审计工作的目标管理以保证审计工作质量的方

法。其主要内容是各级审计机关根据本地区以及其自身的工作特点和审计技术装备情况，分别制订与其工作情况相适应的审计质量目标，并定期和不定期地对各项审计质量目标的执行情况进行检查、考核和鉴定，并根据所制订的奖惩原则，分别给予奖惩。随着我国审计工作制度化、法治化、规范化的逐步完善，也可在全国范围内制订统一的审计质量目标，实行全国性的审计质量目标管理。

审计质量目标一般应该包括：

1. 审计单位覆盖率

指在必审单位和应审单位之间确定的合理比例。如根据工作情况，确定某审计机关行政事业单位覆盖率为95%。

2. 资金审计覆盖率

指在必审资金总额和应审资金总额之间确定的合理比例。如根据某审计机关的审计力量和企业审计的需要，确定企业审计的资金审计程盖率为85%。

3. 计划项目完成率

指对下达的计划审计项目执行情况提出的要求。除有特殊原因或计划有变动外，计划项目完成率一般为100%。

4. 违纪金额处理率

指对审计查出的违纪金额必须处理的比例。一般说来，违纪金额应全部处理。但是由于目前各项法规制度尚不配套和健全，根据有关审计规定，对于个别违纪现象可以根据被审单位的具体情况灵活掌握。如某审计机关规定应处理违纪金额的处理率为98%。

5. 上缴财政金额入库率

指审计已经作出处理的应上缴财政金额数与已上缴入库的比例。如规定应上缴财政金额入库率为80%。

6. 审计决定落实率

指对审计决定落实情况的要求，一般说来，审计决定落实率应为100%。

7. 审计责任保证程度

审计责任保证程度，是审计质量的关键指标和决定性指标。如规定的审计责任保证程度为98%，如果没有达到要求，应及时查明原因，追究有关责任人员的审计责任。

8. 审计资源利用率

它反映审计工作的综合管理水平。是评价审计工作效果和效率的主要指标。如规定审计资源利用率为95%。

9. 违纪金额检出率

它是审计作业质量的关键指标，反映审计人员的作业态度和技术水准。如规定违纪金额检出率为95%。

10. 审计取证有效率和审计定性准确率

它也是审计质量的关键指标，与审计责任保证程度有着直接的关系。一般说来，两项指标均应为100%，如果没有达到要求，则应及时查明原因追究责任。

（三）统计表法

统计表法，是指利用统计表格对审计质量进行控制的方法。它既是审计质量控制的方法，也是审计质量信息反馈的主要形式。统计表格能够及时、全面地反映审计的总体质量状况，了解和掌握审计工作的进度情况、审计工作的规模，并通过报表所反映的审计情况了解被审对象的有关情况，检查本期审计工作中有无重大失误和反常现象，并能根据报表数字科学地预测审计工作的发展趋势，及时地予以调整和控制，以保证审计工作质量。

我国现行的统计报表主要有：①审计情况报表；②财政审计情况报表；③金融审计情况报表；④国家建设项目审计情况报表；⑤企业审计情况报表；⑥行政事业审计情况报表；⑦国外贷款援款项目审计情况报表；⑧农业资金审计情况报表；⑨其他审计情况报表。

（四）对比法

对比法，是指将已完成的审计工作或正在进行的审计工作与既定的审计标准相比较，借以检查其质量情况并加以控制的方法。

对比法是审计质量控制的基本方法，其内容主要包括：①与法规制度相比较，以检查其合法性和合规性；②与各种技术性规范相比较，以检查其合理性和有效性；③与各种效益性原则相比较，以检查其效益性；④与既定的审计准则相比较，以检查其作业的规范化程度；⑤与既定的审计质量标准或目标相比较，以检查其作业质量的达标程度；⑥与该审计项目的目的要求相比较，以检查其审计任务的完成程度。

（五）核实法

核实法，是指用于检查已完成的审计作业质量所适用的审查技巧是否合理和正确的方法。如主审人员对于一般审计人员所检出的重大违纪问题，认为其对于审计结论的影响较大，有必要对其作业程度和采取的程序或方法进行核实。

（六）推理法

推理法，是指在审计质量控制过程中，根据已掌握的事实和线索，运用逻辑推理的方法，推断审计质量状况，确定合理的审计假设，并进一步进行验证，从而实现审计质量控制的方法。推理法的实质是一种逻辑判断，由已知事实，推断未知的结果。例如，在审计质量控制过程中，发现审计结论不合乎逻辑常态，有关人员就可以根据已掌握的情况，推断可能是审计取证有偏差，或者是审计推理不充分，从而进一步追查原因，找出审计质量问题的症结所在。

运用推理法进行审计质量推断必须具备两个条件：①推理的前提必须真实，对已经掌握的事实和数据，要进行核实；②推理必须有逻辑性，不能自相矛盾，推理的形式要正确。

（七）质控点控制法

质控点控制法，指根据审计项目的目的和要求以及被控对象的内容和特点，合理确定质控点，并对所确定的质控点进行重点控制的方法。

根据审计质量形成的一般规律，在审计过程中一般应抓住如下质控点进行控制：①对于审计检查的控制；②对于审计定性的控制；③对于审计取证的控制；④对于审计处理的控制；⑤对于审计评价的控制；⑥对于审计决定落实的控制；⑦对于审计建议落实的控制。

（八）可疑点控制法

可疑点控制法，是指通过对审计工作质量情况的检查和测试发现可疑点，然后对发现的可疑点进行控制的方法。

确定可疑点，一般应注意如下几个方面：①审计决定与审计报告不一致；②审计报告与取证材料不一致；③审计报告与工作底稿不一致；④审计工作底稿与审计工作记录不一致；⑤审计决定中各条款有相互排斥或相互矛盾的地方；⑥审计意见模糊不清、不准确，易滋误解；⑦审计建议空洞，或所提建议平淡、无可取之处；⑧审计处理中所援引的法规不具体或不正确；⑨所处理的审计事项证据不确凿，或证据不充分，缺乏必需的证明力；⑩应处理的违纪问题未做处理，或对于应处理的违纪问题处理过轻或过重；其他可疑的地方。

（九）重点控制法

重点控制法，是指通过分析和研究，掌握审计质量控制的重点并予以控制的方法。在审计质量控制过程中，由于审计质量控制的时间和力量不可能平均分配，因此，要注意发现和把握审计质量中的重点问题并进行控制，从而保证审计工作质量不至于出现较大的偏差行为，达到审计质量控制的目的。

在审计质量控制过程中，应把握的重点问题一般有如下几个方面：①应审范围内的大型企业或重点单位；②重点违纪单位；③审计查出的大案、要案；④违纪情况变化较大的单位；⑤没有任何违纪问题的单位；⑥内控基础薄弱、财务管理混乱的单位；⑦违纪性质严重，触犯法纪移交司法部门处理的案件；⑧审计复议项目或审计诉讼项目。

（十）考评法

考评法，是指通过业务考评，促进提高审计质量的方法。

考评法主要有内部考评、系统考评和交叉考评三种：

1. 内部考评

指各审计机关内部组织的各业务单位之间的考评，统计考评、档案评比、案例评比等就属于这一类型。

2. 系统考评

指按照系统的形式组织的各种业务考评，一般以行业为特征。如全省系统的统计评比、档案评比、某专项审计的行业考评，某行业审计的质量评比等。

3. 交叉考评

指各地区审计机关之间自行组织的互相考评等。它的作用是能够解决各地区审计机关在审计质量控制中所遇到的疑难问题，各地区审计机关在考评工作中互找差距，共同分析和研究，以提高审计工作质量。

（十一）社会效果鉴定法

社会效果鉴定法，是通过运用各种技术方法对审计的社会效果进行鉴定和评价，以实现审计质量控制目的的方法。它主要用于检查和考核审计管理质量和社会效果质量。

四、信息时代审计质量控制的技术方法策略

（一）有序控制

有序控制，是指控制的行为是按着一定次序进行的，它又分为顺序控制和逆序控制。

1. 顺序控制

指按照与审计工作程序一致的或顺向的次序所进行的控制。它主要应用于事中

控制,有时也可应用于事后控制,但由于其工作量较大,故在事后控制中使用的频率不高。顺序控制追踪审计的过程,能够保证审计工作的每一环节、每一部位都能得到有效控制,能够较全面地检出偏差并及时予以纠正,具有控制的及时性、随动性和全面性的特点。

2. 逆序控制

同顺序控制相反,它是按照与审计工作程序相反的逆向次序进行控制。它一般适用于事后控制,主要是通过审核审计报告、审计意见书、审计决定发现问题,然后按照审计质量形成的过程进行逆向追踪,旨在明确质量责任,找出偏差及其形成原因,加以控制。有时,它亦可用于事中控制,如在审计过程中发现某环节或某部分出现偏差,便可以此为起点循着与审计工作逆向的次序追查,直到查明原因,纠正偏差。

例如:经审查,发现某项审计报告所表示的意见不明确或有错误,为了查明事情真相,弄清原因,明确责任,则可从审查审计报告开始,按着逆向的次序,对审计查出问题的定性、取证情况,对审计的检查情况,审计工作底稿的编制情况等内容进行审查。

（二）发散控制

发散控制与有序控制相对应,发散控制是指审计质量的控制行为不是按着一定的次序进行的,它没有固定的控制轨迹,往往是根据工作的具体要求和审计质量的特殊问题或一些临时性问题所进行的控制。

例如:根据审计工作中较普遍存在的违纪金额检出率、审计取证有效率偏低等问题,对其进行单独的单项控制等。

（三）因果分析控制法

因果分析控制法,又称质量因素控制法,是分析各种质量问题及其产生原因的一种有效方法。它通过展示和分析影响审计质量的各因素及其产生的原因,并有针对性的采取相应措施加以控制。

采用因果分析控制法分析原因时,可从审计主体、被审计对象、审计程序、审计方法以及审计环境等方面层层查找原因,找出其中的因果关系。

（四）ABC分析控制法

ABC分析控制法,是通过对被控制对象的属性及特征进行分析,分类排队,分清重点和一般,从而有区别地确定控制方式与控制程度的一种控制方法。由于使用该方法时,通常把被分析和控制的对象分成 ABC 三类,所以称为 ABC 分析。

与抽查法一样, ABC 分析控制法在审计质量控制中,也有着较广泛的适用范围,特别在对于审计作业质量的测试和对于审计社会效果质量的评价方面具有重要作用。

(五)系统图法

系统图法,是指把要达到的预定目的和目标所采取的必要的手段、方法系统地展开,并绘制成系统图以便纵观全局、明确重点,是寻找实现目的、目标的最佳措施和手段的方法。

系统图的绘制方法是:①明确目的和目标;②提出手段和措施;③评价手段和措施;④绘制手段、措施卡片;⑤使手段、措施具体化;⑥确认目的;⑦制订实施计划。

(六)坐标图法

坐标图法,也可称为展示图法。它是按照一定的顺序将检查的审计质量状况在坐标图上展示出来,以观察和分析审计质量变化情况,研究审计质量变化规律的一种控制方法。坐标图的绘制方法是:①确定或选择合适的审计质量指标;②检查或抽查一定时期内的审计质量指标完成情况;③将获得的各项审计质量指标数据绘入图中,确定其在坐标图中的位置④将绘制的各质量点连接起来,绘出审计质量曲线。

(七)抽样控制法

抽样控制法,是对全部控制样本只抽取其中一部分进行检查的方法。它既是审计工作的基本方法,也是审计质量控制的基本方法。它的基本原理是以样本代替总体,通过对子样的整理、分析和研究,运用统计推理的方法预测总体的质量状况,揭示总体质量的变化规律。掌握影响审计质量波动的因素,并由此进一步分析研究这些因素的特点,采取相应措施加以控制,以达到审计质量控制的目的。它的优点在于:①可以用抽样检验代替普遍检验,以节省时间、费用,提高工作效率;②可以使审计质量管理从事后评价转变为事先预防,加强审计质量的过程控制,预防质量偏差行为的发生;③可以分析、研究影响审计质量的各种因素,寻求改进和提高审计质量的途径和方法。特别是在对已完成审计项目的控制中,控制主体不可能也没有必要对全部控制样本进行检查。因为已完成审计项目的合理假设,是全部审计项目都是合格的,而采取抽查法对其控制,只是对其进行符合性测试,以证实这种合理性假设,检查其有无质量问题。否则,如果进行全面检查,无疑是对其全部审计工作的怀疑,一般说来,这是不符合实际情况的(当然,特殊情况下,这种情况亦不能完全排除)。并且,对全部已完成项目进行检查在时间上、力量上、资金上也是不允许的。正是在这种意义上,可以说抽样控制法是审计质量控制最基本、最常用的一种技术方法。

抽样控制法主要有两种形式,一是判断抽样控制法,二是统计抽样控制法。

判断抽样控制法,也称非统计抽样。它是根据检查目的、控制要求、被控制对象的复杂程度,该项目所花费的时间和精力以及审计执行人的业务技术水平、道德修养、责任意识和法治观念等,由审计质量控制人员依据观察和经验进行抽样和推断的一种方法。

判断抽样控制的抽查结果是否有效,有赖于判断,而判断是否正确,一方面有赖于审计质量检查人员的经验,一方面依赖于审计质量检查人员对于控制客体及有关情况的深入调查和分析研究。对于相同经验及业务能力的质量控制人员,调查的越全面,资料掌握的越充分,分析的越透彻,其判断就越准确。因此,运用判断抽样控制法进行审计质量检查时,要注意正确地确定抽查对象。一般来说,如下方面可作为判断抽样的参考依据:①在审计项目抽样中,应注意抽查那些具有特殊性的审计项目,如违纪问题较多的审计项目或违纪问题较少甚至没有违纪问题的审计项目;②注意抽查那些资金数额较大的审计项目或经常性审计的审计项目;③注意抽查那些经分析审计质量可能有问题的审计项目。如执行审计的人员业务素质明显较差或有明显的审计程序不当或审计方法不科学等问题;④注意抽查那些有揭发材料或专案线索的审计项目,对有舞弊嫌疑的审计事项进行重点抽查;⑤在审计内容抽样中,注意抽查那些容易出现审计差错的审计环节;⑥注意抽查那些已经取证有违纪问题的审计内容;⑦注意抽查那些采用抽查法进行审计的审计内容;⑧注意抽查那些存有较普遍或倾向性问题的审计环节和审计内容;⑨应给予注意的其他方面。

统计抽样控制法,也称随机抽样控制法,它是按照概率论分布的随机原则选取样本,并采用数理统计方法对总体进行推断的一种抽样控制方法。它是在概率论和数理统计基础上发展起来的,运用统计抽样能够使总体样本中的每一个项目都有被抽取的同等机会,从而使被抽取样本的特性尽可能接近总体特性,然后根据抽取的样本特性以一定的数理统计方法来推断总体,最后得出一个比较接近总体特性的检查结论。

与判断抽样法相比,统计抽样具有明显的优点,但也存在着不可避免的缺陷。

其优点表现为:

第一,统计抽样抽取的样本能够较充分地显示总体特征。统计抽样是一种客观地抽取样本的方法，以统计抽样随机地抽取样本，有一定的客观依据或遵循了一定的客观规律，因此，总体各项目被抽取检查的机会是均等的，可避免人为的偏见，能使所抽查样本的属性能够较充分地显示总体特征，比较适宜于规模较大的检查和控制。

第二，统计抽样能够较为科学地确定抽样规模。统计抽样根据概率论和数理统计原理确定抽查规模，它能够在规定的检查结论的精确限度之内和一定的可靠程度之上使样本数量最为适当，既不多，也不少，较能适当地代表总体，从而可有效地避免检查过分或检查不足的情况。

第三，统计抽样能够计算抽样误差。统计抽样能够较为科学地确定检查结论的可靠程度，从而将检查风险控制一定的限度之内。

第四，统计抽样能在一定程度上解决检查人员对检查失实所应承担的检查责任。统计抽样是一种客观的检查方法，它在确定检查数量、抽取样本，根据样本检查结果推断总体以及对检查风险的控制等方面，都遵循了既定的执行程式并具有一定的客观依据，因此，检查人员对因采用统计抽样而发生的偶然性检查失实，可不承担主要责任。但是在检查人员已经掌握了一定的情况，应采用判断抽样进行重点检查时，没有采用判断抽样进行检查而仍采用统计抽样进行检查，则应进一步查明原因，明确检查人员的检查责任。

其缺陷表现为：

第一，使用统计抽样控制法进行检查，所作出的检查结论不能非常精确。统计抽样所作出的检查结论，通常是以一定的可靠性水平为依据，将总体错误率控制在一定的区间之内。因此，其检查结论只能与实际状态较为接近，但不能达到百分之百的精确，毕竟不能与存在的事实相等同。

第二，统计抽样在应用上具有一定的局限性。首先，它只适用于那些资料齐全、数据准确、内部管理制度比较健全的单位。因为资料不齐全、数据不准确，会使统计抽样无法进行，或使所得出的检查结论不尽恰当。其次，它不适宜于专案审计或专项检查，因为统计抽样不能提供专案审计或专项检查所必需的充分、确凿的审计证据，也不能推断出全面、准确和无懈可击的检查结论。最后，它要求检查总体内的项目具有一定的均衡性和充分性，否则所作出的检查结论很不可靠。因此，在审计工作中或在运用统计抽样法进行审计质量检查时，应注意上述方面。

事实上，统计抽样法和判断抽样法各有利弊，因而单独运用统计抽样和判断抽样都不可能取得理想的检查效果。实际工作中，这两种抽样方法并不是互相对立和单独使用的。应根据具体工作环境、检查目的、检查时间和检查对象确定。一般而言，总体项目愈多，统计抽样的准确率愈高，优越性愈大；总体项目愈少，判断抽样的准确性愈高，优越性愈大。特别是在了解和掌握了一定的情况，对检查的重点有所预测和把握时，应较多地考虑使用判断抽样，以减少工作量和提高准确率。因此，较为科学的方式，是将两者有机结合起来，互相补充，相辅相成。既不失判断抽样的灵活、方便和快捷，又不失统计抽样的全面、均衡和公正。例如，运用统计抽样中，并不排除专业判断；在判断抽样中，可利用随机抽样的方法检查。一般情况下，通盘考虑时用判断抽样，具体项目时可不同理度地采用统计抽样，这样检查效果可能较为理想。

五、信息时代审计质量控制的评价方法策略

评价方法，也是审计质量控制不可忽视的一种重要方法。在审计工作中，有些指标无须评价，有多少就是多少，达到了指标要求就是合格的，达不到指标要求就被判为不合格，就要承担一定的审计责任，如审计取证有效率、审计定性准确率等。而有些指标在没有参照系的情况下，则不易判定，它有一定的弹性，如审计覆盖率、违纪金额检出率等指标。对于这些指标，只有通过评价，才能明确审计质量的优劣及其优劣程度，并进一步发现质量偏差及其偏差原因，及时采取措施加以控制。

（一）关于审计覆盖率的评价

审计覆盖率有两项指标，一是审计单位覆盖率，一是资金审计覆盖率。此外，在评价审计覆盖率时，还应考虑到已审计单位利税或工业增加值占应审计单位利税或工业增加值总额的比例指标。

评价审计覆盖率，一般有如下两种形式：

1. 与计划指标相比

与计划指标相比，主要有如下五种情况：①审计单位覆盖率完成或超过计划指标，资金审计覆盖率低于计划指标；②审计单位覆盖率低于计划指标，资金审计覆盖率完成或超过计划指标；③审计单位覆盖率、资金审计覆盖率均完成或超过计划指标；④审计单位覆盖率、资金审计覆盖率均低于计划指标；⑤当审计覆盖率计划指标为 100% 时，审计单位覆盖率与资金审计覆盖率完全重合。

2. 与其他单位相比

与其他单位相比，主要包括两个方面：一是与其他审计机关相比，二是与同一审计机关内部不同审计单位相比。其目的在于，通过比较发现问题、找出差距、总结经验，进一步提高审计质量。假设有甲、乙两个审计单位，二者相比较，可能表现为如

下四种情况：①甲单位审计单位覆盖率高于或等于乙单位，而资金审计覆盖率低于乙单位；②甲单位审计单位覆盖率低于乙单位，而资金审计覆盖率却高于或等于乙单位；③甲单位审计单位覆盖率、资金审计覆盖率均高于乙单位；④甲单位审计单位覆盖率、资金审计覆盖率均低于乙单位。

此外，在评价审计覆盖率指标时，还应考虑到已审单位工业增加值或利税总额占应审单位工业增加值或利税总额的比例情况。

（二）关于审计查出违纪金额的评价

对于审计查出的违纪金额不能仅从数量上进行评价，这样既不能说明审计的作业技术水平如何，也不能说明审计的制约效果如何。要评价审计的检查质量和控制效果，则必须借助于对违纪金额检出率和违纪金额下降率的评价来实现。

影响审计责任保证程度的主要指标有：①违纪金额检出率；②审计取证有效率；③审计定性准确率；④应处理违纪金额处理率；⑤审计结论和评价正确率。

从审计质量控制的角度看，严格地说，上述五项指标除违纪金额检出率外，其余指标均没有任何弹性，它们都与审计的责任性直接相关。因此，对于其正确的评价应为，其作业合格率均达到100%，无一例外。否则，有关责任人必须承担相应的审计责任。

那么，如何对审计责任保证程度进行预测和评价呢？

1. 明确审计责任保证程度各要素指标的因果关系

即前述五项指标，依其先后次序，各要素指标之间有着严格的因果关系：前一指标的正确性是后一指标正确性的必要条件；前任一指标的失误和差错，是影响后一指标和最终审计质量不合格的充分条件，也就是说，只有前一指标正确，后一指标才能正确，而前任一指标如果出现失误和差错，则必然会导致最终审计质量的不合格。

2. 采用一系列相互联系的指标体系

对审计责任保证程度进行评价时，如只用个别指标对其进行衡量和评价，则只能反映某一方面的审计责任，不能全面客观地对其衡量和评价，容易导致不全面、不科学甚至错误的评价。因此，只有用一系列相互联系的具有综合性、全面性的指标体系，从不同角度、不同方面对其进行全面评价时，方能得到符合客观实际的评价结论。

（三）运用评价方法应注意的问题

由于评价是一种主体性活动，具有较强的主观性，各个评价主体对于同一评价标准可能存在着不同的心理误差和偏好，对于同一评价客体可能采取不同的观察角度或带有一定的主观色彩。因此，依据同一评价标准对同一评价客体进行评价时，由于评价主体不同，其评价结果也可能不一样，有时还可能相去甚远。

在对审计质量进行评价时，除依据一定的标准和选择科学的方法外，还必须注意如下几个方面的问题：

1. 坚持质与量相统一的原则

审计工作质量包括质与量两个方面，量是质的客观载体，没有一定的量，就不能反映一定的质，即审计工作的量是具备一定质的量；反过来，质是量的内在要求，离开了质，再多的量也没有实际意义。根据质与量的互克性原理，当质量达到一定的限度时，要保证一定的质，就必须限制一定的量；要保证一定的量，则必须限制一定的质，降低对于质的要求。因此，在对审计质量进行评价时，要正确把握质与量的度，正确选择质与量的比例，正确对其质与量两个方面进行全面分析，才能得出正确的评价结论。

2. 坚持客观公正的原则

指在评价过程中，评价主体对于问题的评判，应坚持客观公正的态度，实事求是，不偏不倚，既不带有任何偏见，亦不能带有任何主观或感情色彩。

3. 坚持全面观点的原则

指在评价过程中，对于问题的评判，应坚持全面衡量的原则，既不以点代替面，亦不以特殊代替一般。

4. 坚持相对数指标与绝对数指标相兼顾的原则

即在评价相对数指标时，应兼顾绝对数指标；评价绝对数指标时，应兼顾相对数指标。只有这样，才能得出较为客观的评价结论。

第二节　网络时代背景下的审计质量控制体系

一、信息时代的审计质量控制及其必要性

（一）概述

1. 审计质量研究的背景

大型集团公司的内部审计历经数十年的实践和探索，审计体制已发生重大变化，审计的独立性、权威性逐渐显现，审计工作逐步规范，审计质量控制体系在逐步建立

和形成,内部审计作为综合监督部门的作用和威力正在不断发挥。尽管如此,审计质量管理水平仍然滞后于审计工作的发展,从某种程度来讲,也影响到审计"免疫系统"功能的发挥。大型集团公司内审机构自成立以来,十分重视审计质量管理,并为此采取了一系列措施。但总体上看,操作中不同阶段对审计质量控制的认识还有一定的差距,尤其在当前新常态下,经营环境复杂多变,对审计质量控制的把握尤为不足。

2. 审计质量基本内涵及其衡量标准

(1)审计质量的定义

审计质量是审计行为和审计信息满足审计规范和社会标准的程度。广义上的审计质量是审计工作的总体质量,包括管理工作和业务工作;狭义上的审计质量是指审计项目质量,包括选项、立项、准备、实施、报告、归档等一系列环节的工作效果和实现审计目标的情况。

(2)衡量审计质量的标准

审计质量的衡量标准实际上就是对审计工作及其结果优劣程度的控制。主要包括审计目标的实现程度和审计责任的履行程度。审计目标是审计活动的既定方向和要达到的预定结果,而审计责任与审计目标紧密相连,审计责任是审计组织或审计人员开展审计工作、实现审计目标所应尽的义务与职责,以及未尽职责实现审计目标所应承担的职业责任和法律责任。在同一时期,有什么样的审计目标,就有什么样的审计责任。

(二)当前审计环境面临的主要风险及发展趋势

1. 审计环境的信息化风险

当前内部审计环境最显著的特点是社会经济的快速信息化。作为被审计对象,因处于业务发展的第一线故率先开始了信息化进程,体现在被审计单位的管理模式和内部控制方式上,这在很大程度上都改变着内部控制的传统职能。因此,以传统查阅账簿为主的手工审计方式以及相关审计技术方法与现行业务的发展已不相适应。近年来,大型集团公司内部审计体系开启了审计信息化进程,然而由于经营业务的多元化、复杂化等因素,审计人员理解加工信息的能力有限、审计信息技术本身的不成熟等问题给审计带来了很大风险,一度成为制约审计质量提高的瓶颈。

2. 审计环境的法律风险

审计行为在一定的制度环境中产生,必然受到所处制度环境的制约。作为大型集团公司的内部审计机构,其法定职责是按照《内部审计工作规定》等办法所规定的权限、审计程序去实现监督评价。

审计的法律风险有两种,即外源性风险和内生性风险。外源性风险是指审计组织、审计人员未按照规定的程序开展审计工作或履职不当等风险,这在一定程度上影响着审计结果的准确性,隐含着极大的审计风险。内生性风险是指,审计人员受长期惯性思维模式的影响所产生的本能支配意识行为从而导致对审计结果的影响,即:审计人员即使在既定的权限和规定的范围内按规范开展审计工作,但长期以来固有惯性思维模式主导的审计行为给审计结果带来的不确定性、风险是不可避免的。

3.审计环境的舆论风险

作为公司董事会领导下的内部审计体系,其审计架构、审计职责、审计信息的透明化愈来愈引起被审计对象的关注,审计部门的工作质量和人员履职水平不仅要接受被审计单位的评判和监督,同时还要面对内部审计的考核和评价。审计公开不但能宣传审计,增强透明度,扩大审计影响,使审计的权威性得以彰显,同时更是提高依法审计、合规审计的"双刃剑"。

(三)建立审计质量控制的必然性

1.审计质量控制的内涵

审计质量控制是审计组织和审计人员依据审计质量控制标准,对各项审计工作或具体审计项目全过程的质量进行自我约束的一项活动。

2.审计质量与构建审计质量控制的内在联系

审计质量是审计工作的核心,审计质量的提高对发挥审计监督作用、有效控制审计风险、促进审计事业的发展具有重要作用。审计部门要提高审计质量、确保审计成果的可行性、维护审计部门的权威性,就必须要加强审计质量管理,建立完善科学的审计质量控制体系。审计质量控制体系是提高审计质量、实现审计目标的重要保障。推行审计质量全面管理,必须经过一个由量变到质变的发展过程,经历阶段性、累积性、历史性的变化。

3.当前审计质量控制存在的薄弱环节

(1)审计资源没有得到充分利用,影响审计质量

一是人力资源结构未能符合现行审计要求。如IT审计,大多数审计人员对新业务都要经历从认知、熟悉到实施的过程,都尚在积极的探索期,难免会影响审计质量;二是信息资源未能得到有效运用。目前,大型集团公司内审部门与所属企业之间大多缺乏有效的沟通、交流和信息共享机制。许多重要信息资源在收集、储存、传

递、共享方面处于相对封闭的状态,造成了审计信息的浪费;三是内部审计方法创新不够,技术资源配置滞后,难以保证审计质量。

(2)传统思维难以扭转,影响审计质量

一是缺乏从宏观角度发现、分析问题的能力,部分审计人员受长期以来惯性思维方式的影响,意识还停留在一般性、合规性审计中,影响审计职责的充分发挥;二是创新意识不强,对多元化经济形势的迅速发展不够敏感,习惯用旧的惯性思维方法开展工作,对审计新技术、新方法的接受认知度较低。

(3)重审计成果,轻审计规范

当前的审计成果表现为以下三项:一是审计揭露重大违法违规问题或犯罪线索;二是审计专报或审计提示被领导批示采用;三是审计意见和建议被采纳。前两项的轰动效应和带给审计人员的个人利益较为直观,所以很容易使审计人员产生急功近利的心态,从而过度追求审计成果,忽视了审计工作规范,影响审计实现预期目标。

(四)审计质量和风险控制不到位

一是审计人员业务素质参差不齐,审前调查手段单一、内容不完整,对被审计对象的业务经营状况分析不透彻,没有抓住内部控制的薄弱点和审计重点;二是审计现场过程控制不力的情况普遍存在;三是监督力度不够,对审计人员的审计操作规范性缺乏必要的监督。

(五)审计全过程质量控制机制不健全

审计质量控制机制坚持全面管理、分级控制的原则,包括项目立项控制、审计过程控制、审计成果应用等。首先,审计问责追究是现实工作中最难执行的一个环节,也是造成审计人员责任意识不强的主要因素。其次,在大数据辅助审计时代,对审计实施过程的质量控制方式和方法尚没有一个放之四海皆准的依据。

二、审计信息化环境下的审计质量控制

信息化背景下,企业管理工作逐渐向集约化和信息化转变,企业审计项目质量控制的影响因素变得更为多元化。目前,较低层次的经济犯罪越来越少,而更为隐蔽的高层次犯罪越来越多,违规操作的数额也变得越来越大,给审计工作带来了更大的挑战。在信息化逐渐普及到行业各环节的形势下,只有不断加强审计信息化建设,努力抢占审计信息化发展的制高点,不断创新审计方式,提升审计监督水平,确保审计工作的质量,才能最大化地发挥信息化条件下审计监督的作用

（一）审计信息化环境下审计质量控制概述

审计质量控制涉及审计项目实施的各个环节，是指审计机构为了确保审计工作的质量和提高审计工作的效率，而制定的各项基本方针和策略。审计质量控制采用科学有效的组织手段和技术方法，使审计工作各环节按照预定的目标和程序运作，达到预定的审计质量，提高审计项目工作水平和效率，包括计划、实施和分析反馈等一系列环节，从而保证项目的审计质量。

相对于传统的审计而言，审计质量主要通过审计报告来体现，审计报告的质量体现了审计项目的质量；审计质量的另一层内涵指的是审计质量直接反映审计活动的好坏。总而言之，传统意义上审计质量控制是指审计部门为了更好地实现审计目标，促使审计活动能够规范化、明确化展开，保障审计活动能够在满足国家审计规则的需求条件下有效开展的控制策略的统称。信息化经济环境下，审计质量控制主要是依照审计风险控制理论，对各种审计风险实行控制的策略和措施的统称，通过对审计风险进行控制确保审计项目的质量。

（二）审计信息化环境下审计质量影响因素分析

审计质量控制是审计工作实施过程的重要环节，贯穿于审计工作的各个环节。在信息化环境下，审计工作的实施方式和手段发生了重大改变，审计实施的过程与传统审计完全不同，这就造成审计质量控制的每一个环节都会发生改变，审计质量的影响因素也相应发生了较大的变化。信息化审计环境下，影响审计质量的因素主要涉及以下几个方面：

第一，审计机构缺乏高素质的计算机审计人才。审计机构现有的审计人员掌握计算机信息技术水平参差不齐，熟练掌握信息技术的审计人员稀少，大部分审计工作人员的计算机操作仅限于对财务审计资料的简单处理和加工，即使掌握较高信息技术水平的审计人员也不能完全应用计算机信息技术筛选和挖掘有价值的数据，不能分析挖掘审计对象业务系统电子数据和信息系统数据。审计部门中只有极个别的机构有专门从事审计信息化的专职机构，大部分审计机构不会专门设置从事审计信息化建设的工作人员。缺乏精通审计财务知识和计算机信息技术的人才严重制约审计信息化的发展，抑制审计质量的进一步提高。

第二，审计项目实施过程中缺乏创新意识。审计人员依然受传统审计模式的影响，缺乏对审计信息化建设的认识，大部分审计人员不愿意花费精力和时间去学习与审计相关的计算机技术，这就造成审计项目实施过程中审计人员的知识结构欠缺，最终导致审计人员很难适应信息化条件下的审计工作；而虽然有些审计人员已经掌握一定的计算机知识,但依然不能很好地将审计知识和信息技术进行有效结合,只能进行低层次的运用,不能充分有效地进行信息系统数据分析。

第三,信息化环境下审计工作的实施缺乏正确的工作思路。审计信息化环境下,被审计单位经营管理模式发生了巨大的变化,审计人员必须面对被审计单位大量的财务数据和复杂的业务管理系统,由于自身的局限性审计人员不能将信息技术与审计财务知识进行有效结合,有些审计人员不能分辨信息化审计工作中的重点与难点。此外,在审计工作实施过程中,有些审计人员不能灵活应对被审计单位审计过程中遇到的各项问题,不能转变传统审计思路,对审计工作进行科学有效的分解。

第四,缺乏计算机审计统一标准与准则,信息化审计操作流程不规范。信息化审计环境下,统一标准的计算机审计准则是衡量审计工作质量标准。目前我国计算机审计的规范大部分都是一些较为笼统的原则性标准,与现实情况的审计实施不太相符,不能有效衡量计算机审计质量和约束审计行为。信息化环境下,计算机审计与传统审计模式大不相同,但由于计算机审计标准的缺失,审计项目的审前调查、审计方案、审计日记以及审计底稿等工作内容仍然是沿用传统的审计流程,对信息化审计项目实施过程中的数据挖掘和审计后的评估依然处于探索阶段,因此难以对信息化审计质量进行评价。

(三)审计信息化环境下审计质量控制的对策

改变审计的传统思维模式,努力适应信息化环境下审计新形势的发展。随着信息化水平的不断发展和完善,传统的审计思维模式已经不适应审计发展的要求,审计工作人员必须转变传统的审计工作思维和模式,运用计算机信息技术充分发挥审计监督作用。要不断加强审计人员对计算机审计知识重要性和紧迫性的认识,因为充分了解审计信息化是审计在经济新形势下发展的必然趋势,掌握计算机信息技术是审计信息化环境下审计质量控制的有效保障。信息化审计给每个审计人员带来了新的挑战和机遇,为此,审计人员必须转变传统思维模式和工作习惯,改变工作方式,善于开拓创新,将审计质量控制作为审计工作的核心工作。

转变审计思路,引入审计质量控制的考评机制。信息化环境下,审计信息化不仅仅是信息和网络技术在审计工作中的实施运用,更重要的是实施审计各环节的思想和观念的转变。一方面,要加强审计信息化重要性和必要性的认识,审计信息化不是盲从或过分依赖计算机信息技术,而是针对性地将信息技术逐渐引入到审计过程中来,让信息技术真正为审计服务;另一方面,将信息技术应用引入审计工作考评体系,为审计信息化建设提供有效的激励,适当增加信息技术在审计考评中的比重,充分调动审计工作人员的积极性和主观能动性，鼓励审计人员不断提升自身的信息技术水平，并给予一定的物质奖励。

建立审计质量控制体系，将审计质量控制与风险防范措施贯穿整个审计工作，提高审计各环节的精准性和预防性。在信息化审计建设进程中，必须不断加强审计人员对审计项目实施的了解，熟悉信息化审计质量控制和风险防范点，优化审计质量控制的策略与措施，优化审计结构。在选择审计项目时，要充分利用信息技术优势，对审计项目做好审前调查工作，充分分析并挖掘被审计单位的财务数据，做好事后审计评估。建立审计质量控制体系，有效达成审计风险的控制，确保审计质量。审计工作人员与审计复核工作人员要严格依照审计制度开展审计工作，确保审计各环节的实施都能达到预期的审计目标。

建立严格的审计复核机制，做好审计复核工作。一方面，审计复核是审计项目实施过程中必须履行的重要环节，在审计各环节做好审计人员与复核人员的职责安排，将审计与复核有效结合，最大化提升审计质量。在信息化环境下，确保审计过程中计算机审计程序的充分性、合理性和可靠性，保证审计人员能够合理有效地开展审计工作。另一方面，将审计复核作为审计质量控制的重要手段，借助审计信息化设施完善审计复核方法，推行复核制。严格按照审计相关要求，明确审计机构负责人和复核人的职责，保障审计复核的质量，及时发现审计过程中出现的问题，改进审计项目质量的不足之处，保障审计数据资料的可信度，提升审计质量。

三、信息时代加强审计质量控制的方法和措施

审计质量是指审计工作质量以及审计结果质量，审计质量问题贯穿审计工作的始终。随着审计报告使用者群体不断扩大，审计质量显得尤其重要和关键。但是，从近些年来看，每年我国有至少一百家会计师事务所受到监管部门或行业协会给予的批评、警告、处罚等。规模较大、业务水平较高的事务所对整个行业的影响力比较明显，审计不合格，则会对整个行业带来严重的负面效应，极大地阻碍了审计行业的发展。从我国目前的情况来看，由于会计师事务所之间的竞争激烈，因此事务所必须从自身出发，提升自身的综合实力，才能有资格在市场中参与竞争。

（一）审计质量较低所带来的不利影响

1. 使用者

公司内外部使用审计报告的人员很多，主要有内部管理人员和外部股东、债权人。若审计质量较低，管理者根据审计报告和财务报告制定下一年的规划时就会陷

入偏离实际管理目标的循环性错误;低质量的报告还会误导债权人认为自己的资金安全没有受到威胁、股东会对资本保值增值的实际情况和潜力形成误判。审计质量低会造成使用者的决策失误,损害其合法利益。

2. 被审计单位

审计质量低下,不仅是对被审计对象的不负责任,还会助长被审计对象虚增利润、掩盖错报的行为;长此以往,会使被审计单位濒临破产、陷入法律危机。而高质量的审计报告可以促进企业不断发现问题,调整自己的经营方案,让企业平稳高效地运行。

(二)影响审计质量的主要因素

1. 外部环境

(1)市场供求环境

会计师事务所和被审计单位的行为都要受到市场环境的约束。特殊普通合伙制事务所需要自负盈亏、自担风险。但若市场条件不完善,事务所就会将审计质量置于一旁,尽可能多地承接业务,赚取更多的利润,忽视审计的质量,不能提供可靠的会计信息来源,误导使用者。

(2)法律准则

在市场经济中运行,相关行为需要受到法律和会计准则的约束,否则就会出现舞弊行为,同时也不具有可比性。目前,我国的制度还不够完善,许多公司会因为较少的法律约束而去美化报表,掩盖舞弊,因而审计质量就会受到质疑。此外,会计准则对一些业务、责任的界定还十分模糊,因此,会计人员会利用准则的盲点和模糊点进行虚增利润等处理,这样会造成审计质量的参差不齐。

2. 会计师事务所

(1)规模

会计师事务所的规模主要体现在分所的数量、涉及的地域范围和处理的业务繁杂程度等方面。会计师事务所的规模越大,其业务水平就越高,检查风险相对较低,使用者依赖程度越高。规模较大的事务所处理复杂业务或跨区域业务时,能够合理保证资源和时间的分配及满足业务需要的专业能力,从而能够保证审计质量符合法律法规、准则及使用者的要求。

(2)注册会计师的水平

影响会计师事务所审计质量的最主要因素是审计人员的专业能力。注册会计师的工龄较长、专业能力较强,对不同的情况都熟悉处理的流程及对策,处理特殊的业务更熟练,已经形成了自己的职业判断,对一些舞弊虚假的手段更加了解,能准确快速地洞察和辨识财务信息的造假,并作出判断,降低了风险,提高了审计质量。另外,职业道德也会影响审计质量。不当的自身利益驱使、外部压力、风险意识欠缺都会造成审计人员对审计工作执行的懈怠和对准则要求的忽视,严重影响审计质量。

3.被审计单位

(1)提供资料的完整程度

注册会计师审计质量的高低还取决于被审计单位的配合程度。有些公司为了虚增利润,只提供有限范围内的资料,当注册会计师提出要求时,这些公司极其不配合,或者提供一些虚假资料,甚至有的公司为了缩短事务所审计时间,在披露报告前一段时间才聘请事务所审计,这样可以让注册会计师缩短审计时间,降低对关键资料获取的可能性,导致审计工作无法顺利进行,极大影响了注册会计师的审计工作,进一步影响审计质量。

(2)业务的性质

每个公司经营的业务不完全相同,而且每项业务注册会计师不一定都接触过,不一定都有相应的准则规范。有时,部分业务难以判断和测量,比如渔业公司的大部分资产都在水里,这种业务对注册会计师来说有较大难度,很难准确地作出判断。还有一些公司的部分资产在国外,有时事务所不会专门去国外进行审计,这给注册会计师造成了困扰。因而,许多业务不得不依靠注册会计师自己的判断、咨询相关行业的专业人士以及搜集相关的资料等应对方法来推动,但是难免有点偏差。

(三)提升审计质量的有效措施

1.切实加强审计质量控制

审计质量控制分为两个方面:一方面是全面质量控制,另一方面是审计项目的质量控制。按照全面质量控制要求,应明确会计师事务所主任会计师对质量控制制度承担的最终责任,严格按照法律法规、职业道德规范执行业务,根据具体情况出具恰当的报告,并及时将工作底稿归整为最终的审计档案。同时,按照项目的质量控制要求,履行监督职责,监督审计过程,建立质量考评制度,了解审计期间出现的重要会计和审计问题,并及时提出处理意见,对项目组作出的重大判断和结论进行客观评价。做好审计工作在一级、二级、三级复核的工作,确保审计质量在这个过程中是稳步提高的。建立相应的审计质量控制机构,一方面,要对审计工作质量和审计工作结果进行控制;另一方面,要对审计责任加以明确,这样才能保证审计质量的提高。

2.定期对审计人员进行培训教育

审计人员是进行审计业务的主要参与者,审计人员的道德素质和专业能力在一定程度上会影响会计师事务所审计的质量。会计师事务所应该定期对审计人员进行专业培训和后续教育,并进行能力测试;同时,也要多给注册会计师提供实战磨炼的机会,提高注册会计师的职业敏感性,提高职业判断力。除了加强专业素质,还要加强法律法规的教育,强调职业道德规范的重要性,保证审计人员在发表审计意见时能够做到客观公正,保持应有的独立性以及专业判断能力。在一定程度上,会计师事务所可以建立激励机制和激励方案,通过不断激励去推动注册会计师进一步提高审计质量。

3.进一步改进和完善审计方法

面对目前审计业务的多元化和复杂化,我国在对审计手段创新的同时,应向其他国家学习先进的审计方法,改善审计质量。随着电商、网络等新型技术的发展,新的商业模式也不断迅猛发展,审计行业也要从传统的模式向现代程序过渡,借助现代的科学技术和方法来解决问题,熟练运用计算机进行辅助审计,更高效地分析数据的可靠性、合理性,提高审计工作效率,比如引进先进的审计软件,促进风险导向型审计方法的研究和应用。随着我国经济的发展,各行业区域更加细化和专业化,会计师事务所应该多向相关的专家、有经验的人士咨询。

审计业务作为会计师事务所的重要收入来源,必须对其影响因素进行系统的分析和研究。从企业层面来说,确保其积极配合,保证审计工作的顺利进行;从会计师事务所层面来说,提升自身的综合素质,结合会计师事务所的实际情况来制定有效的策略,完善内部控制制度,加强员工培训,这样才能提高事务所的审计质量,推动会计师事务所的长远发展。

四、信息化条件下审计质量控制体系的构建

随着我国信息化社会发展速度的不断加快,信息化已经成为行业发展的必然趋势。审计工作也因为信息化的发展而受到了巨大的冲击,但同时也为审计工作的发展带来了全新的机遇,审计质量不得不在信息化层面上重新审视,加强审计信息化建设已经成为审计工作者的共识,也是实现传统审计向现代审计过渡的关键。信息化背景下,审计风险不同于传统审计,大多是由电子数据的虚拟性和传播性而引起的。为适应时代的发展,提升审计效率,降低审计风险,控制审计质量,加快建设信息化条件下的审计质量控制体系是必经之路。

（一）信息化背景下审计质量控制的"挑战"与"机遇"

1. 对审计质量控制的影响

审计质量是审计工作的重要评价，也是审计工作的生命线，其广泛地受审计工作的影响。在信息化大背景下，审计工作的各方面都发生了很大的变化，给审计质量控制带来了挑战。第一，审计对象发生了明显的变化。信息化背景下，计算机网络技术的高度发展使审计环境发生了翻天覆地的变化，很多单位的管理都实现了网络化和自动化，包括会计核算与财务管理工作。以电商的兴起为代表，新时代下许多经济活动都通过网络实现了无纸化贸易，这使得审计工作所面临的审计对象更加复杂。第二，审计的线索出现了明显的变化。在传统的审计工作中，审计所需的线索以纸质凭证为根本，审计线索较为清晰。但在新时代下，这些被电子票据所替代，审计人员无法通过翻阅纸质材料对审计线索进行跟踪，取而代之的电子审计线索很难寻找和跟踪，给审计取证工作增加了难度。第三，审计方式正在发生变化。伴随着计算机技术的快速大范围普及，很大一部分审计材料被电子化信息所替代，而传统的审计方式根本无法适应现有的监督机制，也无法满足提升审计效率和审计质量的要求。审计方式从人工审计到计算机技术辅助审计的转变给审计工作带来了巨大的挑战。第四，信息化背景下的审计风险发生了明显的变化。传统以人工为主导的审计模式下，审计风险的范围较窄，主要为检查风险和重大错报风险。信息化背景下，审计的效率虽然大幅地提升了，但是计算机网络技术的使用也使审计数据暴露在全新的风险中，计算机系统、网络的稳定性与安全性都成为影响审计风险的重要内容，数据采集与信息系统风险尤为突出，无形中给审计质量埋下了隐患。第五，对审计人员的素质要求也发生了明显的变化。传统模式下，审计人员是以审计知识和素质为基本要求的。然而，在信息化的大背景下，审计工作必须通过计算机及相关系统进行展开，审计模式的转变也自然而然地附加到审计人员身上。新时代的审计人员不仅需要具备专业的审计知识，还需要较高的计算机操作水平才能满足当下审计工作的需求。目前，这样的复合型人才整体上处于缺失的状态，年龄大、有经验的审计人员接受能力差，计算机水平低，而年轻、能熟练地操作计算机的审计人员又缺乏经验，这样的窘境，给审计工作造成了一定的影响。

2. 对审计质量控制的意义

信息化的发展对审计而言是一把双刃剑，一方面给审计质量控制带来了严峻的挑战，另一方面也推动了审计质量控制的变革与发展，具有重要的现实意义。首先，信息化推动了审计环境的改变。信息化条件下的审计模式与传统的以人工为主导的审计模式在环境上有很大的不同，它基于信息化技术与系统，在很大程度上提升了审计效率和审计的便利性。以会计核算和财务管理为例，计算机网络技术的发展使得许多经济活动不再依赖于纸张、票据，在节约资源的基础上，使审计工作的实际工作内容以处理电子化信息为主，操作变得更加便利。在信息化的环境下，通过健全相应的管理制度，能有效地节约审计工作的成本，缩短审计支出，扩大审计的深度与广度，促进审计工作焕发出新的活力。其次，信息技术的进步方便了对各个环节的审计质量控制，相关的审计系统和审计软件的出现也在很大程度上提升了审计质量与管理水平。在面对信息时代审计工作的各种问题时，信息技术本身就给出了相应的解决方法。例如，可以使用各种软件和信息化系统在审计工作的各个环节设立节点，对审计质量进行严格把关，这样的举措会使审计质量监督贯穿到审计工作的全过程之中，对审计质量的控制大有裨益。最后，以计算机技术为代表的信息技术，有助于被审计单位及时地发现自身在管理过程中的漏洞，以便作出相应的应对策略。

（二）信息化条件下审计质量控制的现状

在信息化的大背景下，审计工作的模式发生了重大的变化，审计质量的控制也愈加复杂。我国审计质量控制在整体上呈现出思路老化、标准不明、操作不规范、人才缺失的现状。

1.审计思路老化

审计模式的转变并不仅仅是技术上的变革，更是审计思路上的改变，信息化背景下，传统审计思路所带来的影响仍十分明显，然而传统的审计思路很难适应信息化审计的要求。例如，一些公司的财务舞弊案例并不是由于内控机制不健全，而是管理层依然沿袭以主观经验为导向的思路，从而酿成惨剧。

2.审计质量的控制标准并不明确

审计质量是与审计风险的大小直接相关的，目前，针对审计的相应管理制度十分匮乏，现有的制度也大多停留在传统审计方面。由于缺乏合理的标准进行指导和规范，审计操作流程得不到统一，审计方法缺乏科学性，审计质量的衡量标准也不同，导致审计效果无法得到客观的衡量，严重影响了审计的发展。

3.审计数据的完整性和真实性得不到保障

传统审计模式下的审计流程操作主要是针对纸质化审计内容而言的，对电子化信息的审计并不适用。信息化条件的审计以获取信息化数据为前提，如果电子数据的完整性和真实性得不到保障，那么审计工作的意义将不复存在。然而审计数据丢失或采集错误的现象时有发生，使审计质量大打折扣。

4.审计人才缺失

信息化条件下的审计工作对审计从业者提出了新的、更高的要求,他们不仅需要对金融、经济、会计方面做到全面了解,以便能够从多角度审视问题,还需要达到一定的计算机操作水平,具备相应的计算机网络知识。而目前,兼具计算机网络技术与审计经验的复合型人才在审计模式转型过程中存在明显的缺失,审计人员素质欠缺的问题较为明显。

(三)信息化条件下对审计质量控制体系构建的意见与建议

信息化时代,审计质量控制面对着诸多机遇与挑战。我国的审计质量控制总体上呈现出许多问题,这些问题错综复杂,为解决好这些问题,更好地促进我国审计行业的发展,全面构建审计质量控制体系势在必行。构建全面的审计质量控制体系应从以下几个方面着手。

1.转变审计思路,将审计质量控制引入到考评机制中

信息时代下审计模式的转变并不是简单的计算机网络技术的应用,审计方法与审计技术的升级并不代表审计观念和审计思路的转变。从某些方面讲,如果思路和观念不能随技术转变,那么技术也难有用武之地。转变审计观念首先要提升对审计信息化必要性与重要性的认识,审计技术的使用需要一个较长时间的适应过程,不要将信息化等同于计算机,而要将信息技术融入具体的审计工作中。另外,审计质量控制应被逐步地融入考评当中,完善审计项目的评审办法,并以此激励审计人员对新模式的接受程度,适当地引入一定的奖励,鼓励审计人员参与专业知识培训和技术培训。

2.完善审计流程和标准

信息化背景下的审计工作仍然需要遵从相应的审计准则和标准,审计工作的开展需要依据审计流程,且必须符合内部控制的相应要求,因此审计流程和审计标准的规范化就显得十分重要。通过严格规范审计流程,能够减少审计人员在审计过程中的随意性,而审计标准的完善能够使审计工作有更加科学、更加准确的参考。具体而言,首先,应对被审计单位的信息数据和系统进行相应的了解与评估,除了部门设置、经济性质、财政信息等内容之外,还应当对被审计单位的信息管理系统、数据形式和运作形式等方面做全面的了解,并依据所获得的信息确定审计思路和审计重点。其次,还需对数据的采集、验证、整理、复核等审计作业流程进行规范,规范审计工作中的审计行为。最后,还需要对审计档案进行规范管理,将审计档案资料由纸质

材料转化为电子档案,建立审计项目的档案库,将审计档案质量控制纳入审计质量控制的全过程当中。

3. 加强审计复核工作,为审计质量控制把关

信息化背景下,审计工作的工作量仍十分繁重,因为疏忽而产生的审计失误十分常见,这时候审计复核就显得十分重要,信息化条件下的审计复核将是审计质量控制的重要一环。一方面,要加强对关口的前置把关,对数据的采集、处理过程进行复核,确保审计数据的可靠性,并在每一个步骤设置专门的负责人。另一方面,也需要加强关口的后置复核。

4. 加强对人才的引进和培养

人才是支撑某一行业进步的关键,同样的,高质量的审计人才队伍将为信息化审计提供强有力的支持,其中复合型的审计人才引进将是重中之重。首先,应加强对审计人才队伍的组织和领导,将质量第一的观念深刻在审计人员心中,单位可自上而下地研究制定审计质量控制的目标、原则和方针,并依此确定审计人才的培养计划,确保审计项目质量控制目标的实现;其次,应加强审计机关之间的交流,通过网络信息技术搭建平台,提供信息交流和共享的渠道,取长补短,推广适应信息化条件的审计方法和审计经验;最后,还需要加强对审计人才的培养和引进。在复合型审计人才相对短缺的情况下,重视审计人才的培养和补给是必不可少的,一方面,需要加强对审计专业化人才的培养,使他们兼具审计知识和计算机素养,使能够适应信息化审计要求的审计人才源源不断地产生。另一方面,由于技术在发展,审计工作的要求也在与时俱进,二者都处于一个动态的变化当中,相应的审计人员素质也应当适应时代需求而作出相应的改变。现阶段的审计人才,需要不断地用新知识充实自己,用新要求审视自己,参加相应的培训,做到与时俱进,使自己时刻处于行业前端,引领审计走向新高度。

5. 树立全员全过程审计质量控制的理念

审计质量管理是全面质量控制的核心和落脚点,是审计部门为保证每个审计项目按照国家法律法规及各项规章制度的要求实施的控制行为。对具体的审计项目而言,它是全过程的质量控制,对于不同项目、不同的审计组、不同的审计人员而言,它又是一个周而复始、不断循环的作业流程,各个要素在这个循环的流程中,互相作用、相互制约,履行各自的职责,发挥各自的功能。

审计立项阶段。根据"全面审计、突出重点"的原则,在确立审计目标时紧紧围绕战略性目标工作,紧密结合董、监、高关注的热点、难点问题,确立审计实施对象,

近远期相结合,实现计划动态管理。

审计准备阶段。准备阶段是整个项目的基础,这一阶段控制的核心就是审计方案的质量控制。一是审计目标是否明确、具体;二是审计内容是否全面、重点是否突出;三是审计方法和步骤是否可行、人员分工是否合理;四是时间进度安排是否可行;五是审计廉政纪律、审计质量考核标准是否明确,最大限度地减少审计人员的随意性,降低审计风险。

审计实施阶段。实施过程是整个项目质量保证的核心。此阶段控制核心在于严格执行审计程序,规范业务操作,重点把握好两个方面。一是审计证据。在审计实施中,要有针对性地收集与审计事项相关的、能够证明审计事项的原始资料,并注意证据的客观性、相关性、充分性和合法性。二是审计底稿。编制工作底稿时,应严格遵循工作底稿要求,做到内容完整、记录清晰、定性准确。审计工作底稿要经过严格的三级复核。即:主审初审、组长审核、领导审阅,每个环节人员都要严格履行审计职责。

审计报告与后续审计阶段。审计报告是审计工作的最终成果。重点包括五个方面:一是审计报告要以审计底稿为基础,问题事实要清楚,证据要确凿;二是审计报告要以法规制度为准绳,引用制度条文要有效、准确;三是审计报告要以实事求是、客观公正为原则,问题定性要正确,评价要到位;四是审计报告要以帮、促为出发点,审计建议可行,对被审计单位目前的经营活动具有指导意义;五是审计报告结构要合理,报告的层次要按问题的重要性排列,用词要恰当,慎用华丽辞藻或修饰的语言粉饰审计结果。

在后续审计方面重点关注:一是审计发现问题的风险是否得到控制、有没有发生新的风险;二是审计人员对风险程度的判断能力是否可以规避审计风险,保证项目质量。

综上所述,审计质量控制是一项持续的系统工程,它需要全体审计人员及时转变观念、拓宽视野、更新知识、正视实施中存在的困难,上下通力、内外合作,积极采取有效措施,才能实现审计项目质量的持续提高。

信息时代为计算机审计提供发展机遇的同时,也对传统审计工作带来了审计方式、审计技术等方面的影响,提高审计质量,还需加强信息数据分析平台建设、审计人才培养等措施的落实,提高审计成效的同时,助推审计变革。

审计质量是审计工作的核心,全面提高审计质量是更好地发挥审计监督作用、有效控制审计风险、促进审计事业发展的关键所在。审计质量控制是对审计工作各个方面、各个要素和审计工作全过程的控制，既包括每个审计人员，也包括审计过程的每个环节的每项工作，因而审计质量控制具有较强的系统性，必须建立一套系统的、全面的审计质量控制体系。

第五章　网络审计人员和平台研究

第一节　网络时代背景下的审计人员

一、审计人员职业分析

（一）审计人员构成

1.审计人员的概念

审计人员是指在国家审计机关、内部审计机构和社会审计组织中,执行审计业务的人员。

2.审计人员的构成

审计人员是审计活动的执行者,根据其所服务的单位在审计组织体系中位置的不同,审计人员可以分为国家审计机关的政府审计师、企业内部审计机构的内部审计师和社会审计组织中的注册会计师。

（1）政府审计师

政府审计师是指审计机关中接受政府委托,依法行使审计监督权,从事审计业务的人员。他们对各级政府机构、国家金融机构、国有企事业单位以及其他有国家资产单位的财政与财务收支的真实性、合法性、效益性进行综合性的经济监督活动。现代政府审计不仅在审计体制上更加完善,而且在审计理论和实务方面有了许多发展,绩效审计、环境审计、社会责任审计等审计理论的逐步开展对政府审计师的素质提出了更高的要求。我国的政府审计师实行专业技术资格制度,审计署和省级审计机关建立专业技术资格考试与评审制度。审计专业技术资格分为初级(审计员、助理审计师)资格、中级(审计师)资格、高级(高级审计师)资格。审计机关录用的审计师必须经过培训并且合格后,才能独立承办审计业务。政府审计师既从事合规审计、经营审计,也从事与财务报表有关的审计。在美国很多州,在审计总署的工作经验可以作为充任注册会计师所要求实际工作的经验。

（2）内部审计师

内部审计师是组织所雇用的从事本组织内部审计工作的在册职员。内部审计有助于强化企业内部控制、改善企业风险管理、完善公司治理结构，进而促进企业目标的实现。内部审计的范围和目标因被审计单位的规模、组织结构和管理层需求的不同而存在很大差异。内部审计通常包括下列一项或多项活动：监督内部控制和风险管理；检查财务信息和经营信息；评价经营活动的效率和效果；评价对法律法规、其他外部要求以及管理层政策、指示和其他内部要求的遵守情况等。内部审计同样应当具有独立性才能发挥最大的控制功能，然而内部审计师受雇于企业，限于劳资关系的固有约束，因此不能有像注册会计师那样高的独立性。

（3）注册会计师

注册会计师是依法取得注册会计师资格证书，并接受委托从事审计、鉴证和相关服务的执业人员。凭借他们所受的教育、训练以及其所拥有的经验，注册会计师有资格执行上述各种专业服务，注册会计师的客户可能包括各类企业、非营利组织、政府机构及个人。同医生、律师等专业人员一样，注册会计师也是以公费为基础来提供服务的。

在我国注册会计师必须在会计师事务所执业，他们在其中的角色同律师在律师事务所的角色有许多类似的地方，但是注册会计师在进行审计及报告结果时必须与客户保持独立，而律师则可在为客户提供法律服务时，立场偏向客户。

（二）审计人员的职业道德

审计人员职业道德是指从事审计工作的人员应遵循的、与其职业活动紧密联系的、具有审计人员职业特征并反映自身特殊要求的道德准则和规范。

1. 审计人员职业道德的内容

严格依法，要求审计人员严格依照法定的审计职责、权限和程序进行审计监督，规范审计行为，是审计工作的基本原则，也是审计的立身之本。

正直坦诚，要求审计人员坚持原则，立场坚定，不屈从于外部压力；不歪曲事实，不隐瞒审计发现的问题，不做"老好人"；廉洁自律，不利用职权谋取私利，不在利益诱惑面前迷失自我；切实维护国家利益和公共利益。

客观公正，要求审计人员保持客观公正的立场和态度，以适当、充分的审计证据支持审计结论，不掺杂个人的主观判断，也不为被审计单位及其他人意见所左右，实事求是地作出审计评价和处理审计发现的问题。

勤勉尽责，要求审计人员要保持积极向上的工作态度，以爱岗敬业、勤勉高效、严谨细致、争创一流的工作标准,努力把自己培养成查核问题和分析研究的能手、精通管理善于服务的高手、擅长建言献策当好谋士的行家里手,认真履行审计职责,保证审计工作质量,提升审计工作绩效。

保守秘密,要求审计人员保守其在执行审计业务中熟悉的国家秘密、商业秘密;对于执行审计业务取得的资料、形成的审计记录和掌握的相关情况,未经批准不得对外提供和披露,不得用于与审计工作无关的目的。

2. 审计人员职业道德的作用

(1)实现自我完善

审计人员职业道德是无价的精神财富,时刻激励着广大审计人员胸怀共产主义远大理想,诚心诚意为人民谋利益,坚持自尊、自重、自律原则,牢固树立正确的世界观、人生观、价值观、荣辱观,实现自我完善。第一,严格执行党和国家各项政策、法律法规,凡是要求别人做到的,自己必须首先做到,禁止别人做的自己坚决不做;第二,不谋私利、不徇私情,当老实人、说老实话、做老实事,为人民利益坚持真理、修正错误;第三,敬岗爱业,诚实守信,在审计工作岗位上,勇于开拓、积极进取,严格执法、依法审计,维护国家和人民利益,坚决同损害人民利益、国家利益的行为做斗争。

(2)净化社会风气,促进廉政建设

审计人员职业道德是在几十多年的审计实践中逐步产生、形成和完善的,为审计人员共同认可的、无形的、强制约束力的成文和不成文的行为规范与行为准则。其行为规范与准则,是通过审计目标、社会责任、道德义务来实现的。坚持原则、秉公办事、无私无畏、尽职尽责。认真履行《审计法》,严格执行审计监督工作。真实、正确、完整地反映财政、财务收支的结果,依法纠正、处理和处罚各种违法违纪行为,净化社会风气,促进廉政建设。

(3)推动本职工作顺利完成

审计工作关系到国家、集体和个人的合法权益,要想妥善处理好这些关系,审计人员职业道德将起到极其重要的作用。应该做什么和不应该做什么,是判断、评价审计人员工作业绩的标准,以此推动广大审计人员自觉增强责任感、使命感、是非感和荣辱感,规范审计行为,提高审计质量;同时,要调整、理顺审计工作与社会各界的和谐关系,建立正常的工作秩序、工作环境以及赢得社会的尊重、关心、支持、理解和帮助,保证审计人员认真履行其职责、高质量地完成本职工作。

3. 审计人员职业道德的建设

（1）审计人员职业道德建设的必要性

①审计人员职业道德建设是做好审计工作的前提条件

虽然，审计工作需要较高的专业知识和专业技能，但是再高的专业知识和专业技能也离不开审计职业道德，良好的职业道德能够使专业知识和专业技能得到更好的发挥，进一步提高审计工作质量和审计工作水平。反之，审计职业道德的丧失，会使专业知识和专业技能走向审计工作的反面，助长违法乱纪现象的发生。只有具备良好的职业道德，审计人员才能自觉正确地调整国家、集体和个人的利益关系，自觉地按照审计职业道德要求，规范自己的行为，忠实履行自己的审计职责，做到依法审计、客观公正、实事求是，保证审计工作质量。

②审计人员职业道德建设具有完善审计规范体系的现实意义

对于审计人员来说，由法律以及其他成文的规则所构成的规范体系是其活动行为的底线，按照这些要求去做，就能够成为一名合格的审计人员。但是，仅仅满足于这些要求，还不能够使自己的人生追求和职业品质得到提升，在开展审计实践的时候，需要有积极性和主动性以及对审计事业抱有满腔热忱，因此审计人员还必须拥有完整的职业道德。通过职业道德规范来加以约束一些不宜纳入审计法规，但又有必要做出规定的事项。

③审计人员职业道德建设是实现审计人员自我完善、自我升华的出发点

审计人员职业道德是无价的精神财富，它帮助审计人员树立正确的世界观、人生观、价值观、荣辱观，养成审计人员自身品德情操，实现自我完善、自我升华。只有拥有良好的职业道德信念和职业道德习惯，审计人员才能够忠实地履行自己的职责，客观公正、实事求是地解决实际问题，审计机关才能建设一支素质过硬、清正廉洁的审计人员队伍，从而树立审计人员公正、高效、廉洁、文明的良好形象。

④审计人员职业道德建设是维护和提高审计行业信誉的重要措施

没有任何东西比诚信更具有重大的实用价值，诚信是社会系统的重要润滑剂。提高行业的信誉主要靠产品质量和服务质量好，而审计从业人员的职业道德水平高是审计工作质量的有效保证。通过制定审计职业道德规范能够取得外界对审计工作的理解与支持，增加外界对审计职业的信赖与支持，这是审计人员树立良好形象、保持良好信誉的重要措施。

⑤审计人员职业道德建设是适应我国经济社会发展的客观需要

改革开放以来，我国经济发展，社会进步，取得了举世瞩目的成就。同时，调整经

济结构、转变经济发展方式的任务更加紧迫,一些深层次的社会矛盾日益突显,反腐斗争形势依然严峻,面临的国际环境复杂多变。在这种大的背景之下,审计人员只有具备良好的职业素养和道德修养,才能坚定信心,迎难而上,积极应对,自觉地把审计工作融入经济社会发展全局,增强审计工作的预见性、宏观性、主动性和建设性,促进社会主义经济的繁荣和市场秩序的良好运转。

(2)审计人员职业道德建设的措施

审计人员职业道德建设是一项长期的、艰巨的任务,按照政治强、业务精、作风正的要求,培养和造就高素质的审计人员,以适应审计事业发展的步伐。

①强化职业修养

从古到今,人们历来都把"廉、俭"作为修身立业的根本,当今社会更具有其现实意义。广大审计人员在其岗位上,必须加强自我修养和锻炼,树立正确的世界观、人生观、价值观、荣辱观,不论在任何时候、任何环境,都应当"富贵不能淫、贫贱不能移、威武不能屈",高风亮节,正气凛然。认真完善自己的人格,维护自己的尊严,坚定自己的信仰,切实过好名利关、权力关、金钱关和人情关。

②加强政策理论学习

审计人员必须不断加强政策理论学习和业务学习,提高自己的政治素质和业务能力,以适应审计事业发展的要求。审计人员首先要知道国家当前的大政方针是什么,只有知道国家的这些大政方针,才能全面理解相关政策法规的含义,并履行好监督其贯彻落实的职责,才能理解当地党委和政府工作的意义、方向,才能真正了解大局,增强宏观意识,把握正确的执法和工作方向。其次是要知道当地党委和政府的工作重点是什么。"围绕中心,服务大局",是当前审计工作的一个重要方针。要想切实把工作做好,发挥好审计的作用,不能只会"跟着感觉走",必须要加强学习和研究,要知道党委和政府在做什么,想做什么,要达到什么目的、目标,这样才能抓住中心,明确工作的方向。要知道审计工作的切入点在哪里,即使掌握了党委、政府工作的重点和中心,但审计应该做些什么,适合做些什么,什么地方最需要审计,什么地方能发挥审计的作用,这些还需要深入进行研究。这就是找准切入点的问题,也是找准位置的问题。切入点找准了,工作就能干到点子上,就会产生事半功倍的效果。另外,还要准确地把握上级审计机关当前审计工作的指导方针和原则是什么,并做到融会贯通,这样才能形成正确的工作思路。

③加强制约措施

具体措施如下:第一,加强舆论监督。主要是充分运用网络、广播、电视、报纸、刊物等宣传媒介的舆论手段，宣传廉政建设的法规、制度和措施，大张旗鼓地表彰审计队伍中那些行为规范、为政清廉的好人好事，公开揭露、处理那些腐败人员；第二，加大执法力度，建立、健全和完善职业道德法规、制度，依法管理审计工作。对审计人员的违法违纪行为，必须进行严肃处理，以期有效地制约违法违纪行为的发生和发展，形成扶正祛邪、扬善惩恶的社会风气；第三，实行目标管理、群众举报、谈心活动等办法。

二、网络时代背景下的审计人员能力

在全球经济网络化的环境下，虽然使用计算机给审计人员的工作带来了方便高效，但由于被审计单位的账务及管理信息系统日益复杂，审计人员面临着巨大的挑战。因此，在网络时代背景下，审计人员除了具备基本的理论知识以外，还要具备较高的计算机应用技能及网络审计能力。

（一）审计理论知识

1. 会计专业知识

审计人员会计专业知识水平的高低对审计工作起着举足轻重的作用，它在一定程度上影响着审计工作质量的提高。因此，作为一名国家审计人员一定要掌握《基础会计》《中级财务会计》《高级财务会计》《成本会计》《预算会计》《管理会计》《财务管理》等会计专业知识，通过审查企业财务报表数据，对企业过去的财务状况和经营成果进行剖析，运用财务分析方法对企业偿债能力、营运能力、盈利能力进行分析，来反映企业经营过程中的利弊得失及预测未来发展前景，为改进企业财务管理工作提出合理化建议和措施。

2. 审计专业知识

（1）熟练掌握并灵活运用各种审计方法

审计方法选择恰当与否，不但会直接影响到审计工作效率，而且还会对审计质量、结果产生很大影响。因此，作为一名国家审计人员必须熟练掌握各种审计方法，如审阅法、核对法、查询法、比较法、分析法、顺查法、逆查法、详查法、抽查法、盘点法、调节法、观察法等方法。

（2）熟知并在实践中实施审计全过程

就国家审计而言，审计实施阶段可划分为三个阶段：审计准备阶段、审计实施阶段、审计终结阶段。

①审计准备阶段

其工作主要包括：了解被审计单位的基本情况；与被审计单位签订审计业务约定书；初步评价被审计单位的内部控制制度，分析审计风险；编制审计计划。

②审计实施阶段

审计实施阶段是审计全过程的中心环节，其主要工作是：按照审计计划要求，对被审计单位内部控制系统的建立及其遵守情况进行检查；对会计报表项目实施重点、细致的检查；收集审计证据并编制审计工作底稿。

③审计终结阶段

审计终结阶段是报表项目审计工作的结束。其主要工作有：整理、评价审计过程收集的审计证据；复核审计工作底稿；评价审计结果；编写审计报告。

3.法律法规知识

审计人员发现被审计单位有违反国家规定的财政收支、财务收支行为需要依法定性时，熟知国家法律、法规和行业的规章制度就显得尤为重要。因此，作为一名国家审计人员一定要熟悉国家的法律法规和行业的规章制度，如《审计法》《会计法》《预算法》等，做到对问题客观、准确、适当、合法地定性。笔者认为应从以下几个方面把握：一是定性依据有层次性。法律、法规范围广，有国家立法机关制定的法律，有国务院颁布的行政法规，有地方立法机关和行政机构制定的地方性法律、法规，有行业、部门制定的规章制度，层次越高的政策法规覆盖面越大，宏观指导性越强，而政策法规的层次越低，其针对性、适用性越强。在具体引用时，应从实际出发，具体问题具体对待，一般情况下，宜从低层次向高层次选择，若遇到低层次法规与高层次法规相抵触时，应适用高层次法规；二是要注意法律、法规的时效性。审计定性时，应以审计事项发生时适用的法规、制度作为衡量标准，而不能以现时或过时的法规、制度作为衡量标准；三是要注意法律、法规的地域性。有些法规只在一定的地区有效，不能把其他地区制定的地方性法规作为本地区审计定性的依据。

（二）计算机应用能力

对于审计人员来说，计算机应用技能具体体现在如下几个方面：

1.掌握现代审计方法的一般技术与方法

基于信息化背景下，审计人员除掌握传统审计的内容外，还增加了与会计信息系统本身有关审计内容，包括系统内控存在性、合理性，开发过程的标准化、规范化及应用程序、数据文件等审计内容。这些内容很难用传统审计方法来完成。因此，要完成现代计算机审计任务，除传统技能外，还必须掌握包括审计软件应用辅助法、程序流程图检查法、嵌入审计程序法、数据模拟检测法、程序指令检查法等审计方法的使用,这有助于审计人员更好适应信息化审计工作。

2. 了解会计信息系统的功能结构及运行管理

对会计信息系统的生产过程或者说数据处理流程及控制活动的了解是成功实施现代审计的重要基础。一个胜任的审计人员只有充分了解会计信息系统的功能结构及内部控制,才能发现可能存在的控制漏洞或薄弱环节,避免陷入"黑匣子"的陷阱,从而为降低审计风险提供支持。因此,审计人员必须熟悉会计信息系统,掌握其基本操作方法,充分了解其功能结构、数据流程及控制点,使会计信息系统的数据处理由"黑匣子"变为"白匣子",从而有利于保障审计质量。

3. 具备利用计算机工具进行一定数据处理与分析的能力

内部审计的信息化离不开信息技术的应用,除了具备一定的计算机基础及网络知识外,还需具备应用专用审计软件、数据库技术、Excel 工具等技术的能力。如 Excel 工具具有强大的表处理能力,便于数据的处理分析,数据库技术便利了审计数据的查询检索、分析、复核与检查。又如网络通信技术的发展使得审计人员突破时空的限制,可以随时随地获取审计数据,对被审单位进行远程联网审计。这些计算机工具方便了审计人员对数据进行查询、筛选、分析,从而将大大地提高审计效率与效果。

4. 会计数据的获取与转换能力

传统审计以凭证、账簿、报表等纸介质的会计数据为基础,而在现代会计信息系统中,数据都以电子文件的形式存放于计算机系统中。现代审计不可能绕过计算机,掌握一定的数据获取及转换处理方法并为审计所用是开展现代审计的基本能力。

(三)网络审计能力

审计不仅要提高人才素质,还要提高硬件水平,例如完善计算机审计软件和计算机业务系统。审计机构应当根据业务的特点进行计算机软件的开发,尤其是对业务系统风险、审计风险控制方面的开发。目前网络财务分为财务软件和理财软件。如果对这些软件应用了如指掌,并且能够应用在审计上,将给审计工作带来很大的便利。

三、网络时代背景下的注册会计师

（一）注册会计师的职业特点

1.承担服务公众的责任

注册会计师职业最显著的特点是向社会公众负责。社会公众对注册会计师的依赖赋予了注册会计师对公众利益的责任，这种公众利益应当是作为注册会计师专业服务对象的所有人员和机构的共同利益。尽管注册会计师的委托人可能是董事会或管理层，并且要收取审计公费，但是注册会计师担负的责任是服务社会公众的责任。因而，注册会计师既不能以委托人利益为唯一目标，也不能单纯追求自身利益最大化，而只能以公众利益作为执业的目标。

2.具备复杂的、持续更新的知识体系

现代社会处于不断变化、充满挑战的高速发展阶段。现代信息技术的发展，不仅提高了经济交易的复杂程度，而且也促进了审计技术的不断深化，对审计行为产生了深远影响。任何一个非专业人员，不通过系统的、较长时间的培养，根本无法理解和判断注册会计师是否恪尽职守。特别是风险导向审计的发展，从客观上要求注册会计师必须掌握复杂的知识体系。审计师需要持续不断地更新现有知识体系，以满足客户需求。随着受托责任的扩展，审计师面对的服务对象也实时更新，对审计师的知识体系也提出更高的要求。

3.严格的准入门槛

由于审计师承担公众利益的受托责任，需要具备扎实、复杂的知识体系，为了确保执业质量，各国对审计师职业的准入提出了严格的标准。

根据我国注册会计法的规定，要取得注册会计师证书，必须参加全国统一的注册会计师考试。考试成绩合格者还必须加入会计师事务所工作，具有两年审计工作经验，并符合其他条件，方可批准注册，颁发注册会计师证书，执行注册会计师业务。注册会计师在取得执业资格后，必须遵守职业道德规范，恪守独立、客观、公正的原则，并以应有的职业谨慎态度执行审计任务，发表审计意见。

4.坚守职业道德

注册会计师的最终产品就是赋予财务报表公信力。如果失去公众的信任，经审计的财务报表与未经审计的财务报表之间便没有差别，注册会计师职业也就失去了存在的价值和意义。但是，在审计制度安排方面，审计师主要从被审计单位获取报酬，这种获取收入方式深刻影响了审计师的职业道德，尤其是独立性。

当注册会计师为社会提供服务时，必须担当起服务社会的责任，凭借其精湛的专业知识和业务技能，以独立、客观的身份发表公正的意见，维护职业和行业的良好形象，从而实现守身立业和蓬勃发展的目标。因而，注册会计师作为一项公共的专门职业，建立其职业道德准则是该职业内在的、必然的需要。

（二）注册会计师的业务范围

注册会计师依法承办审计业务和会计咨询、会计服务业务。审计业务属于法定业务，非注册会计师不得承办。在审计业务中又包括以下四种：①审查企业会计报告；②验证企业资本；③办理企业合并、分立、清算事宜中的审计业务；④办理法律、行政法规规定的其他审计业务。通常会计咨询、会计服务业务包括资产评估、代理记账、税务代理及管理咨询等业务。

从目前的发展趋势来看，会计师事务所的审计业务比重在日益下降，业务范围向着多样化方向发展，非审计的鉴证业务和相关服务的种类越来越多，比如预测性财务信息审核、风险管理鉴证、养老鉴证、系统鉴证、网络认证等其他鉴证业务，以及代编信息、商定程序和税务咨询、管理咨询等相关服务。目前最显著的特征是，在全球范围内，会计师事务所的管理咨询服务得到了蓬勃发展，例如四大会计公司的非审计收入比重已经超过了审计服务的收入比重，非审计服务收入的增速远远高于审计和鉴证服务的增速。因为随着经营环境的逐步改变，市场对拥有丰富经验和专业知识的注册会计师提出了更多的要求，而且由于审计业务已经趋于成熟，成长的空间有限，会计师事务所的发展必然需要拓展更广泛的业务领域。

（三）网络注册会计师的构建

在网络时代，网络对注册会计师行业的发展是至关重要的，足以引起注册会计师行业的高度重视。构建"网络注册会计师"是提升中国财报可信力、维护国家经济安全以及提升国家软实力的重要组成部分。

1. 审计平台和审计模型的演进

像其他行业一样，传统上注册会计师以纸笔工作，一般称之为纸上审计。随着信息技术的发展和计算机的普及，以单机版审计辅助软件为支持，注册会计师能够在计算机上工作，进入了机上审计阶段。网络意味着网上审计的开启。

在网上审计的环境下，注册会计师不到办公室就可以工作。审计对象的财务和经营等数据也可以实时通过网络传递。

网上审计更带来了审计理念和模型的变化。现代审计发展以来，从最早的抽样审计,到制度基础审计,到今天风险导向审计,其基本脉络就是在资源、技术有限条件下达到揭示风险的目的。网络技术的发展,使注册会计师相当一部分的工作,甚至包括部分需要职业判断的工作都能够交给网络处理,突破人处理数据能力的上限。换句话说,以前束缚注册会计师审计的人力和技术障碍,已经被网络弥补了。比如通过网络技术,在很短时间内就能够把被审计对象的整体数据梳理甄别一遍。

2."网络注册会计师"的动力

注册会计师行业的从业者对网络尚缺乏应有的重视,这一状况应当改变。"网络注册会计师"至少有三个方面的意义:

一是国家间的竞争。一个国家的信息系统安全是国家竞争力的重要组成部分和软实力的体现。一个国家的资金市场是否安全稳定并且可持续,是资金能否到达这个国家的重要因素。"网络注册会计师"应当上升到中国财务信息的公信力、国家经济安全和国家软实力的高度来认识。

二是业态间的竞争。"网络注册会计师"能否实现,关乎着注册会计师行业会否被别的业态替代。

三是会计师事务所间的竞争。在中国几千家事务所之中,已经有事务所开始做这样的工作,谁早上网络,谁就会早日踏上新的发展平台。

第二节　网络时代背景下的审计平台

一、计算机辅助审计

（一）计算机辅助审计特点

计算机辅助审计是网络时代一种较为系统、崭新的取证模式,与传统取证模式相比,存在很大差异。

1.以系统论为指导

任何系统都是一个有机整体,它不是各个部分的机械组合或简单相加。系统的整体功能是各要素在孤立状态下所没有的,同时运用亚里士多德的"整体大于部分之和"的名言来说明系统的整体性,反对认为要素性能好整体性能一定好、以局部说明整体的机械论的观点。这里认为系统中各要素不是孤立存在的,每个要素在系统中都处于一定的位置上,起着特定的作用。要素之间相互关联,构成了一个不可分割的整体。系统论讲的是事物之间的联系,是规律,要求思维是立体的,不是平面的。

计算机辅助审计就是要从系统论的高度来研究新的审计方式。把审计对象作为一个系统,使被审计单位的信息放在审计监督范围之内。审计人员审计被审计单位时,系统地掌握整个单位的资料,通过系统分析、对照、比较,选择其中最薄弱的部分作为审计重点,找出核心问题所在,从总体上把握问题,而不是采用盲人摸象的方法去寻找审计证据。从整个系统论的高度开发利用计算机,这是计算机辅助审计的最终目的。因此,以系统论为指导是计算机辅助审计的一个重要特征。

2. 以信息系统或底层电子数据为切入点

被审计单位信息系统是计算机辅助审计的切入点,也是电子数据审计开展的基础。在计算机辅助审计发展的前期,审计人员对数据审计的关注程度很高,因此,电子数据审计与账套式审计广泛被审计人员接受,但审计人员往往忽视了用产生数据的信息系统进行审计。由于信息系统是产生电子数据的"机器",若不对信息系统进行测试或审计,被审计单位电子数据的真实性、可靠性将无法得到保障,在此基础上构建的审计分析模型和数据分析结果的可靠性也不能得到保障。在审计实务工作中,审计人员经常发现被审计单位利用信息系统进行舞弊,在信息系统中嵌入舞弊程序,给社会经济活动造成重大损失。鉴于此,审计人员应当将被审计单位信息系统作为审计切入点,对被审计单位信息系统的合法性、可靠性、安全性、有效性进行评价,并以信息系统审计的结论作为电子数据审计方案制定的重要依据。

被审计单位底层电子数据是计算机辅助审计的另一个切入点。在传统审计取证模式下,纸质会计凭证、账簿和报表等是其取证的切入点,而计算机辅助审计所面对是被审计单位及相关单位的底层电子数据,在分析底层电子数据的基础上,发现审计线索,对纸质会计凭证、账簿和报表等进行延伸取证。以底层电子数据作为计算机辅助审计的切入点主要是基于以下几个方面的考虑:①被审计单位底层电子数据没有被加工处理过,其真实性和可靠性远远高于被审计单位提供的账簿和报表;②以底层电子数据作为审计切入点,运用计算机辅助审计技术可以提升审计工作的效率和效果;③底层电子数据具有原子性的特征,审计人员根据审计目标可以生成灵活多样的信息,其价值远大于现有账簿、报表等提供的信息。需要指出的是,以底层电子数据作为审计切入点,并不能完全保证被审计单位底层电子数据的真实性和可靠性,需要审计人员根据各方面的信息进行甄别。

3. 创建审计中间表,构建审计资源平台

创建审计中间表是计算机辅助审计的一个基本标志。审计中间表是面向审计分析数据的存储模式,它是将转换、清理、验证后的被审计单位及其相关外部单位的原始数据,按照提高审计分析效率、实现审计目的的要求进一步选择、整合而形成的数据集合。以审计中间表为中心,组合审前调查获取的信息和审计项目的组织管理信息,建立起审计信息系统,构建审计项目资源的共享和管理平台。

审计信息系统的资源是随着审计项目资源信息的不断增加而丰富完善的。构建审计信息系统是实现数据式审计的一项重要内容。审计信息系统是审计资源平台的核心,其主要组成部分如下:

(1)审前调查获取的被审计单位信息

审前调查的信息是审计信息系统的重要组成部分。审前调查阶段获取的信息是指,审计人员通过上网查阅有关资料、听取情况介绍、调阅有关资料、找有关部门和人员座谈、发放内部控制和信息系统调查表等方法所搜集的资料和信息。根据这些信息可以制定审前调查方案,并通过审前调查获取被审计单位的基本情况等。

(2)审计数据库

审计数据库是指围绕审计项目从被审计单位及相关外部单位取得的财务数据和业务数据,包括备份的原始数据和经过清理、转换、验证所形成的审计中间表等。

(3)审计项目管理及其他信息

审计项目管理及其他信息包括项目开展过程中审计人员的分析模型、数据分析报告、审计日记、审计工作底稿等,这些都是审计信息系统的重要组成部分。

4. 构建模型进行数据分析

构建模型,用模型对审计数据进行分析,而不再主要依靠个人的经验判断,是计算机辅助审计的又一个基本特征,也是计算机辅助审计区别于传统手工审计的标志之一。只有系统地总结出构建审计分析模型的一般规律和具体算法,并在审计实务中推广应用,才表明真正实现了计算机辅助审计。审计分析模型是审计人员用于数据分析的数学公式或者逻辑表达式,它是按照审计事项具有的性质或数量关系,由审计人员通过设定计算、判断或限制条件建立起来的,用于验证审计事项实际的性质或数量关系,从而对被审计单位经济活动的真实、合法及效益情况作出科学的判断。审计分析模型有多种表现形态,用于查询分析时,表现为一个或一组查询条件;用于多维分析时,表现为切片、切块、旋转、钻取、创建计算机成员、创建计算单元等形态;用于挖掘分析时,表现为设定聚类、分类等挖掘条件。审计分析模型算法是构建分析模型的思路、方法、步骤。审计对象千变万化,即使是同一个对象,数据结构和数据内容也会处于不断的变化之中,所以审计分析模型不可能是一个不变的、万能的公式。具体的模型必须针对具体的数据来构建,不能照搬照用其他地方的模型。

（二）计算机辅助审计过程

计算机辅助审计过程一般可分为审计平台构建阶段、审计数据分析阶段、审计报告撰写阶段和审计延伸取证阶段。

1. 审计平台构建阶段

审计平台，又称审计资源平台，是开展计算机辅助审计的前提和基础。计算机辅助审计取证的切入点是被审计单位的信息系统和底层电子数据，但底层电子数据需要导入审计机构的软硬件平台，经过数据清理、转换后形成审计中间表，并构建审计信息系统，这样才有利于审计人员开展数据分析等工作。审计人员构建审计资源平台通常被划分为审前调查、数据采集、数据预处理和审计信息系统构建等几个阶段。

（1）审前调查阶段

审前调查是计算机辅助审计过程的起点。科学合理的审前调查有利于帮助审计人员有的放矢地去开展信息系统的审计和数据采集。该阶段的主要任务包括：调查被审计单位的基本情况、信息系统情况和电子数据情况；对信息系统进行审计；提出数据需求，并编写数据需求说明书。审前调查获取的信息越充分，数据采集工作的开展就越顺利。

（2）数据采集阶段

数据采集阶段是指在审前调查的基础上，全面收集被审计单位的数据资料，撰写数据采集报告的过程。该阶段的主要任务包括：制定数据采集方案，完成数据采集、数据验证和编写数据采集报告的工作。

（3）数据预处理阶段

数据预处理阶段是指对采集的被审计单位的电子数据进行转换、清理和验证，以满足审计数据质量要求的过程。该阶段的主要任务包括：数据转换、数据清理、数据验证和撰写转换、清理与验证工作报告。

（4）审计信息系统构建阶段

审计信息系统构建阶段包括审前调查信息的获取、审计中间表的构建以及获取其他方面的信息，其中创建审计中间表是审计信息系统构建的核心。创建审计中间表阶段是指，以审计中间表数据为中心，涵盖与项目相关的人员组织、工作安排等相关管理信息和其他信息，构建审计信息系统，以此作为审计项目资源的共享和管理平台。该阶段的主要任务包括：构建审计项目资源共享与管理平台，撰写审计中间表使用说明书等。

2.审计数据分析阶段

审计数据分析阶段是指,以审计资源平台为基础,结合审计目标,开展有针对性数据分析的过程。审计数据分析阶段主要包括:系统分析模型构建、类别分析模型构建和个体分析模型构建三个阶段。

（1）系统分析模型和类别分析模型构建阶段

系统分析模型和类别分析模型的构建可以帮助审计人员把握被审计单位的总体情况,锁定审计重点,选择合适的审计突破口。系统分析模型和类别分析模型的构建顺序是先进行系统分析模型构建,把握被审计单位的总体情况,再构建类别分析模型,确定审计重点,为个体分析模型的构建提供方向。

（2）个体分析模型构建阶段

个体分析模型是通过审计数据分析方法,查找审计线索,形成数据分析报告,为延伸取证奠定坚实的基础。审计人员可以结合常见的审计数据分析方法和审计数据分析实务经验,构建个体分析模型,开展审计数据分析。

3.审计报告撰写阶段

计算机辅助下的审计报告撰写是指审计数据分析报告的撰写。数据分析报告是记录审计组分析审计中间表数据的过程和结果的文件,也是审计数据分析的载体和标志性文档。审计数据分析工作完成后,审计数据分析报告的撰写应分成三个阶段进行,即首先让负责数据分析工作的审计人员根据自身数据分析结果撰写本部分数据分析报告,然后由审计组负责人或主审人撰写审计数据分析总报告,最后由审计组组长或主审人复核审计数据分析报告,验证审计数据分析报告的科学性和合理性。

4.审计延伸取证阶段

审计延伸取证阶段是指,审计数据分析报告形成后,审计人员可以根据审计数据分析发现的审计线索进行延伸落实,获取被审计单位舞弊的证据,辅助财务审计、工程项目审计等工作的开展。

二、审计软件

审计软件是指用于帮助完成审计工作的软件工具。随着审计信息化建设的逐步投入,审计软件在各个行业审计中的应用也越来越广泛。

（一）审计软件的分类

当前的审计软件可分为以下五种类型。

1.审计作业软件

审计作业软件是指审计人员在进行审计作业时应用的软件,如"金审工程"一期的成果即现场审计实施系统（AO）软件。审计作业软件是审计工作的主流软件，是审计工作的主要工具,审计作业软件的发展代表计算机辅助审计软件的发展水平。

2. 审计管理软件

审计管理软件是用来完成审计统计、审计计划等功能的审计软件,如"金审工程"一期的成果即现场审计管理系统（OA）软件。

3. 专用审计软件

专用审计软件是指为完成特殊审计目的而专门设计的审计软件,如海关审计软件、基建工程预决算审计软件、财政预算执行审计软件、银行审计软件和外资审计软件等。

4. 法规软件

法规软件主要是为了帮助审计人员在海量的各种财经法规中快速找出所需要的法规条目及内容。

5. 联网审计软件

除了以上四种类型的审计软件,为了适应联网审计的需要,近年审计署以及一些审计机关还开发了一些专门的联网审计软件,如社保联网审计软件、地税联网审计软件等。

（二）面向数据的审计软件的基本功能

目前,面向数据的审计软件的基本功能如下:

1. 数据采集功能

审计软件应该能够访问不同结构的数据文件或数据库,能把所需的不同类型的数据采集过来,方便后面的审计数据分析。

2. 数据预处理功能

审计软件应该能够提供一些数据预处理功能,能对采集来的电子数据进行转换和清理,使其满足审计数据分析的需要。

3. 数据分析功能

审计软件应该能够提供足够的、方便灵活的数据分析方法,满足审计人员对审计数据分析的需要。

4. 其他辅助功能

审计软件的辅助功能主要为帮助审计人员完成辅助审计工作,如审计计划和审计报告编制、审计底稿和档案管理自动化、审计成本的管理等。

三、云审计平台的构建

(一)大数据平台建设

1.软硬件建设

大数据因为有着海量的数据,无法用单台的独立计算机进行存储,应当采用分布式架构,从而对海量数据进行分布式数据存储及挖掘。由于可能会有成百上千的审计人员同时对数据进行访问和操作,所以需要在采集端部署大量分布式数据库以支持用户的需求。同时,存储系统一定要有相应等级的扩展能力,可以通过增加模块或磁盘柜的方式来增加存储容量,存储不断更新的海量数据信息。大数据离不开云处理,云处理为大数据提供了弹性可拓展的基础设备,方便审计人员在云端进行数据的存储、处理等操作。因此,在搭建大数据平台时,分布式文件系统、分布式数据库、云计算平台、网络和可扩展的存储系统是必不可少的。

2.数据管理

大数据平台要存储海量的数据信息,怎样管理存储的数据也是很重要的工作。应采用文件管理系统,对海量数据进行分类存放、管理。由于很多数据源会带来大量低质量、价值密度低的冗余数据,因此,要对源数据进行相应的清理,在导入时做一些简单的清洗和预处理工作,最后导入质量高、价值密度高的有效数据。这些与目前审计部门 AO 及 SQL SERVER 数据库软件的数据导入及建立审计中间表的过程非常类似,这样减少数据量的同时提高数据有效性。对于审计部门而言,一般不需要采用实时的数据,因此对大数据的采集基本上应以采集备份数据为主,不需要过多地考虑数据的并发性与实时性。什么数据需要保存,要永久保存还是暂存,应当根据数据的价值和所需的成本来决定。

3.数据安全

数据信息与数据安全是一对孪生兄弟,离开安全的数据是危险的,譬如房产信息、工商注册信息、户籍信息等关系重大的信息,因此必须保障数据安全。当今社会,数据安全显得尤为重要,它不仅关系到个人隐私、企业商业隐私,而且还会直接影响国家安全。近几年,网络泄密事件时有发生,如黑客入侵银行系统、入侵门户网站造成系统瘫痪、个人账户信息被盗等事件。大数据平台最好能够通过审计专网,独立于网络进行数据的传输交互,使数据在其源头就能够得到安全保障,以防不法分子通过网络访问审计信息,造成信息泄露,给审计人员带来不必要的信息安全风险。同时,大数据平台应有专人负责管理,对不同的审计部门设置相应的权限,涉及私密信息时需要单位负责人及监督人员共同进行操作,并做相应记录。审计人员应树立保密意识,定期检查各项安全保密措施,发现隐患及时报告并及时采取补救措施。

4.数据应用

大数据审计的战略意义不在于掌握庞大的数据信息,其最终价值体现在审计应用中。审计部门不再需要分别获取各个部门的相关数据,不再需要分别点对点与被审计单位进行数据交互,只要接入审计内部网络,所有审计所需的数据在设置一定的权限后都可以直接获取,大大节约了审计成本。同时由于利用大数据技术,数据处理及分析响应时间将大幅减少,审计工作的效率将明显提高,可以同时对多个类别、多个领域的数据进行分析、处理。只有将分散在不同部门中的数据相互关联并进行深度挖掘分析,跟踪资金与关联业务的使用情况,揭示存在的问题,让每一笔财政资金的运用纳入审计"云端"守护,才能准确揭示存在的问题。

5.改变认识

大数据已成为媒体和公众关注的新技术,大数据的应用也预示着信息的应用进入一个新阶段。同时,全国各行各业都在开展大数据,审计部门也进入了大数据审计时代。因此,审计人员的认识和思维方式也要进入新的阶段,从传统的因果型思维转向大数据时代的相关型思维,努力打破千百年来人类形成的传统思维模式和固有偏见,打破常规,与时俱进,跟上时代发展的步伐,充分利用社会大数据资源。通过大数据审计能够更加全面、立体、系统地发现问题,查找出更多隐秘的问题,用数据说话,从而得出更加客观的审计结论,得到审计报告的使用者和被审计单位的高度认同,真正发挥审计的"预警"功能。

(二)云审计平台搭建

传统的审计方式下,各审计机关孤立地完成审计项目,审计的数据来源一般局限于具体被审计对象所拥有的电子数据,在利用这些数据开展审计时,一般会存在数据不完整、数据核实困难、数据关联性差、无法进行横向对比分析等弊端。在云计算环境下,云计算平台给人们解决上述问题带来了契机。云端审计依托系统云平台,将大量数字化的审计信息放在一个平台上统一管理和调度,不仅可以归集和管理审计所需的各类资料和数据,对容纳的数据实时更新和有机集合,而且能够智能控制对审计模型的选择和使用,保证审计过程的质量,提高审计工作效率和效果。此外,公共云审计服务平台可以大幅度降低云服务用户购买和维护服务器设备及软件方面的开支,云服务提供方只需维护既定程序和软件,即可满足众多云服务用户的需求,从而降低全社会的平均审计成本,构建专业的、系统的云计算安全审计系统还可以避免目前现场审计携带笔记本电脑容易造成数据泄露的风险。具体来说，可以从如下方面构建云审计平台。

1. 构建高速审计专网

借助电信专网，搭建纵横交织的审计网络。纵向实现署、省、市、县审计机关四级网络互联；横向实现审计部门与市委、市政府重要部门网络互联。通过对审计专网互联路由器、防火墙等设备进行升级改造，使审计专网可靠性、稳定性、保密性都有较大的提高，确保了数据在传输使用的过程中不丢失，不泄密，为今后实现审计系统内部数据传输和被审计单位联网审计数据实时采集奠定基础。

2. 打造审计数据云中心和审计数据备灾中心

一是打造审计数据云中心，解决大数据存储与访问的问题。该中心存放审计部门从不同渠道、不同系统收集的各类相关数据，按行业、按单位、按年度以目录方式分门别类地存放。而且，还可以在云端安装防火墙、隔离网闸、安全身份认证等设备，使审计人员在审计现场可以向审计机关安全传递和访问数据，为大数据应用打通了传输通道有效解决了数据共享、数据传送、数据运用和数据安全的问题。二是打造审计数据备灾中心。目前，审计机关每年数据都以 TB 级增长，大部分数据零散分布在审计内网服务器、台式机或者审计人员的笔记本上。数据得不到妥善保管，服务器容量也日渐捉襟见肘，适时建立审计数据备灾中心可以有效降低审计工作的风险。在某地建立审计数据备灾中心可集中备份全省审计管理数据及重要业务数据，免去了数据存放安全之忧。

3. 构建"六大审计系统"

六大审计系统分别是审计管理系统（以下简称 OA）、现场审计实施系统（以下简称 AO）、联网审计系统、审计结果分析系统、网上审理系统、审计风险电子监控系统。这六大系统有些已运行多年，有些正在建设完善中。审计底稿、证据从审计人员的电脑传至 OA 上费时费力，往往是攒够了一批资料传一批资料，进而造成网上审理和审计风险监控的滞后，监管和审理的东西变成"过去式"。要解决这个问题，需要借鉴网络思维和云平台理念。审计人员的电脑作为客户端，从联网服务器上下载审计数据，将需要转换的数据等上传至云端，云端服务器提供强大的运算支持和存储保证，将返回转换好的数据供审计人员直接使用。就是彻底将 AO "云"化，打通 AO 与 OA 的接口，以 OA 为平台载体，所有的系统都集成在 OA 中变成功能模块，依靠强大的审计专网，审计人员可以在任何地方登陆 OA 并直接在 OA 中编制底稿取证，下载审计资料，查看风险防控提示和审理进度等。项目审理人员可对项目进行实时审理，风险监控系统可按照预先设定的条件向有关人员账户或手机发送项目风险提示，审计组长则可查看该项目上传的所有资料，风控提示和审理结果会直接推送至审计组长查阅，使其全面掌握项目情况，最终实现"审计项目资料进行实时更新、审理管理同步进行"的目标。OA 管理员还可利用所有项目上传的审计结果，对违纪违规问题做大数据分析，做审计报告的二次挖掘，形成某个区域或某个行业的宏观审计分析结果，再与往年或其他行业进行纵向、横向对比，发现宏观问题，为政策制定提供依据。

4. 建立安全管理平台

安全风险控制是确保审计系统运行安全、管理安全的有效技术途径，是审计有效参与国家治理、强化审计监督效能的内在要求，需要在采用自主软硬件平台、安装使用可信计算系统、健全容灾备份机制、实现安全风险预警功能等方面建立审计安全平台，确保基于云计算服务的大数据审计系统的运行更加安全，尽量避免由于技术漏洞导致的系统错误，真正达到提高审计质量和审计效率的目的。

（三）云审计平台的实现

在云审计方式下，审计业务流程的实现主要通过审计数据采集、数据管理、数据分析和数据存储等几个方面来保障。

1. 数据采集

由于被审计单位信息系统的布局、云平台架构、系统结构等方面各不相同，因此对不同的单位应采取不同的数据采集方式。下面从被审计单位数据存储不使用云平台和使用云平台两个方面来分析。

（1）被审计单位数据存储不使用云平台

这种情况主要采用联网报送审计数据的方式。在这种审计数据采集方式下，云审计系统审计数据中心通过网络与被审计单位建立连接，被审计单位定期、定时向云审计数据中心传递被审所需电子数据。从形式上讲，此种审计数据采集方式类似于传统意义上的报送审计，只不过在报送资料的形式和方法上产生了变化。此种方式适合电子数据量相对较小的被审计单位。

（2）被审计单位数据存储在云平台上

在这种情况下，由于被审计单位在云平台上运行自己的应用系统，存储自己的电子数据，可以采用两种方式进行数据采集。

一种是云审计平台数据中心与在被审计单位云平台建立数据接口，云审计数据中心通过该接口可直接访问被审计单位云平台数据库。在此模式下，由于云审计平台直接访问的是被审计单位云平台数据库的数据，可以实现对数据的时时传输，时时审计。

另一种是在被审计单位云平台数据中心嵌入审计软件或审计模块，根据审计单位的审计请求，借助被审计单位使用的云平台，运行嵌入审计软件或审计模块，完成对被审计单位的审计数据分析，发现审计线索，获得审计证据，并把审计证据返回给云审计平台，从而完成云审计工作。

2. 数据管理

数据的有效管理是实现大数据审计分析的重要环节，云审计下的数据管理要重视数据安全管理和数据使用管理。

（1）数据安全管理

大数据、云计算给人们带来便捷的同时，数据的安全性、保密性成为被审计单位和会计师事务所共同担忧的问题。云服务提供商应当采用像银行等金融系统或支付宝系统的数据安全保护措施，随时关注云存储系统中存在的安全漏洞，及时予以修补，防止网络黑客破坏网络安全；另外要加强行业主管部门的监管，对于盗用数据、泄露数据的行为给予严惩。

（2）数据使用管理

网络时代，大数据给人们带来大量信息的同时，也给数据的使用管理带来了很大难度，建议采取以下措施解决：首先要设定使用权限，严禁没有使用权限的人员接触和使用数据；其次要区分数据使用热度，云平台存储着海量数据，但是数据的使用率是不同的，因此需要区分数据使用热度，对于经常使用的数据，应存储在高效计算设备中，对于不常使用的数据，则仅需存储在一般设备中，提高数据的使用效率。

3. 数据分析

审计数据分析技术是指通过分析财务数据之间以及财务数据与非财务数据之间的关系，取得审计证据的技术。在云审计模式下，利用云审计软件服务层的审计实施软件，通过建立审计中间表，运用审计分析模型、多维数据分析、数据挖掘技术等方法，实施审计数据分析。按照审计分析需求的不同，审计云平台能够提供一切基于审计数据中心的分析服务，如定制的特殊审计分析服务、常规专业审计项目分析服务、临时性审计分析服务等，快速构建好的审计分析服务，犹如构建在审计专网中一朵又一朵的审计分析服务云，提供给各地市审计机关，发现审计线索，收集审计证据。

4. 数据存储

审计过程中采集的电子数据越来越多，数据量也越来越大，从而形成海量的审计数据。数据的爆炸性增长不仅要求云数据中心能存储日益增长的数据，合理地管理数据，更重要的是要保证数据的安全和有效使用，数据的存储便成为云审计中的一个关键环节。传统的现场审计模式下，审计人员采集和转换后的电子数据要经 U 盘等磁性介质传送，容易丢失，还容易传播病毒。采集来的电子数据一般都保留在自己的笔记本上或本地局域网的计算机上，数据安全得不到保障，共享性差。而且随着时间的推移，如果这些数据没有得到很好的组织和维护，其利用价值也将越来越低，对这个信息资源是一个很大的浪费。在云审计平台下，数据存储依托云数据中心，云数据中心通过集群应用、网格技术或分布式文件系统等功能，将云审计平台数据中心的存储设备集合起来协同工作，共同对外提供审计数据存储和审计作业访问。采用云存储后，审计数据的使用和输出也变得相当便利，审计人员只需通过平台应用端口同步文件到本地即可，此时审计人员只要有一个接收端，电脑、手机、平板等都可以，就可以在任何时间、任何地方进行审计作业，工作的便利性大大提高。

第六章 网络经济责任审计机制创新

第一节 新常态对经济责任审计机制新要求

"新常态"主要是针对经济领域而阐述的，但又绝不限于经济方面。经济发展涉及向改革要动力，要求简政放权，需要制定有效的政策，这些都不能不涉及政治领域。从经济出发的"新常态"走向，一定要求在政治方面有所展现。经济新常态必然要与政治新常态结伴同行。经济责任审计制度作为一种上层建筑，不仅反作用于社会经济活动，也对国家政治、文化生活具有重要影响。主动适应新常态，创新经济责任审计机制，是当前审计管理工作的重点任务。新常态对经济责任审计机制创新提出了以下几个方面的要求。

一、"同步跟踪审计"机制创新——构建"三审连贯"的责任跟踪机制

认识新常态，适应新常态，引领新常态，是当前和今后一个时期我国经济发展的大逻辑。经济发展"新常态"九大趋势性变化主要表现在以下方面：

（一）资源配置模式和宏观调控方式

既要全面化解产能过剩，也要通过发挥市场机制作用探索未来产业发展方向。

（二）消费需求

模仿型排浪式消费阶段基本结束，个性化、多样化消费渐成主流。

（三）投资需求

传统产业相对饱和，但基础设施互联互通和一些新技术、新产品、新业态、新商业模式的投资机会大量涌现。

（四）出口和国际收支

虽然全球总需求不振，但我国出口竞争优势依然存在，高水平引进来、大规模走出去正在同步发生。

（五）生产能力和产业组织方式

新兴产业、服务业、小微企业的作用更加明显，生产小型化、智能化、专业化产品将成新特征。

（六）生产要素

人口老龄化日趋明显，农业富余人口减少，要素规模驱动力减弱，经济增长将更多依靠人力资本质量和技术进步。

（七）市场竞争

逐步转向以质量型、差异化为主的竞争，统一全国市场、提高资源配置效率是经济发展的内生性要求。

（八）资源环境约束

环境承载能力已达到或接近上限，必须顺应人民群众对良好生态环境的期待，推动形成绿色低碳、循环发展的新方式。

（九）经济风险

各类隐性风险逐步显性化，风险总体可控，但化解以高杠杆和泡沫化为主要特征的各类风险将持续一段时间。

经济发展新常态下的上述九大趋势性变化是一个过程。经济新常态的出现，首先体现了国家经济发展战略目标和重大经济政策的调整；其次体现了对国家经济发展战略目标和重大经济政策积极、有效地贯彻执行。各级党政主要领导干部是贯彻执行国家经济发展战略目标和重大经济政策的第一责任人。国家经济发展战略目标和重大经济政策的制定和选择，是国家层面上的战略决策；各级地方党政机关、国有企事业单位及其领导干部，是国家战略决策的执行者。作为国家战略决策执行者，各级地方党政机关、国有企事业单位，同样需要依据国家的战略决策，结合本地区、本单位的具体情况制定选择其经济发展战略目标和重大经济政策，这是各级地方党政机关和企事业单位层面上的战略决策。制定选择各级地方和国有企事业单位的战略决策是其主要领导干部的权力，也称经济管理权；在制定选择各级地方和企事业单位战略决策中，积极、有效贯彻国家层面的战略决策，是其主要领导干部的责任，也称经济责任。党政领导干部和国有及国有控股企业领导人员的经济责任审计，重点是对国家经济发展战略目标和重大经济政策的贯彻执行进行审计。

二、行政问责启动机制创新——构建经济责任审计的问责启动机制

政治新常态使中国的政治格局和政治气象呈现出六大鲜明的特征。这六大特征是：①在政治根本理念方面，赋予了人民主体地位的全新内涵：一是提出了"以民为本"的执政新理念，二是更加注重民生问题，三是更加注重开发和增进民智；②在政治发展方面，开拓了中国特色社会主义法治道路：走中国特色社会主义法治道路，首先要做到"三个依法、三个法治"，即"依法治国、依法执政、依法行政"，以构建"法治国家、法治政府、法治社会"；③在政治清廉方面，形成了深入反腐败斗争的崭新格局，"要加强和改进监督工作，拓宽人民监督权利的渠道，抓紧形成不敢腐、不能腐、不想腐的有效机制，让权力在阳光下运行"；④在政治民主方面，进一步塑造了协商民主的特有形式和独特优势，人民当家作主必须具体地、现实地体现到中国共产党执政和国家治理上来；⑤在治国理政方面，形成了国家治理现代化的全新布局，推进全面深化改革；⑥在党的建设方面，突出了党的制度改革和全面从严治党，优化了党的集中统一领导。

政治新常态的核心内容，即在政治上实施"依法治国、依法执政、依法行政"，建立"法治国家、法治政府、法治社会"；在依法治国、依法执政、依法行政过程中，突出"以民为本"的新理念；逐步形成防腐、反腐、治腐新格局。在现行政治制度下，各级地方党政机关、企事业单位在管理地方党政活动和企事业单位业务经营活动中的重点是依法行政和依法经营。当前最重要的任务就是努力克服计划经济下人治传统对依法行政的不良影响，真正建立符合市场经济的依法行政，实现由人治到法治的彻底转变。依法行政，就是各级行政机关依据法律规定行使行政权力，管理国家事务。法律是行政机关据以活动和人们对该活动进行评价的标准。依法行政是对各级行政机关提出的要求，也反映市场经济对政府活动的客观要求。依法行政是历史发展到一定阶段的产物。行政必须纳入法治的轨道，严格依法行政，这是各级政府机关行政必须遵循的原则。政治新常态下要加强和改进监督工作，拓宽人民监督权利的渠道，抓紧形成不敢腐、不能腐、不想腐的有效机制，让权力在阳光下运行，必须建立常态化的行政问责机制。这是因为：行政问责是保证依法行政目标实现的基础；行政问责是行政管理的统一性、连续性和稳定性的手段；行政问责是保证提高行政效率的前提。

常态化行政问责机制的运行是一个过程，从启动问责到责任的处理需要经过问题发现和问题处理两个环节。在现行行政问责机制下，行政问责的前一个环节是问题的发现，其责任问题随着责任事故的出现而被发现，然后围绕着责任事故的原因、危害程度、责任人及责任性质进行调查，从中获取更多的"发现"。这种围绕着责任

事故的发现方式,不仅是一种被动发现方式,而且在责任发现范围上也受到限制,只能发现与责任事故相关的责任履行情况,不能发现责任事故单位全面的责任履行情况;由于紧紧围绕着责任事故原因和后果调查,调查者只关注责任履行的"负面"情况,较少关注责任履行的正面情况。行政问责的后一个环节是问题处理,责任事故的问题处理只注重"负面"责任的处理。而对那些没有发生责任事故的单位,也无法对其好的经验进行总结和奖励。因此,现行的行政问责机制是非常态化的,要想建立常态化的行政问责机制,必须将经济责任审计纳入行政问责机制之中,经济责任审计是对经济组织领导干部受托经济责任履行情况的常态化的"发现"手段。行政部门在履行责任过程中,责任履行得好,其责任事故发生的概率小,但并不意味着不发生责任事故;行政责任履行得不好,其责任事故发生的概率大,但是,这也并不意味着在某一时间阶段内一定会发生责任事故。行政问责应将注意力放在行政责任履行得好坏上,而不应该将主要关注点放在责任事故上。发现行政责任履行得好与坏,需要经济责任审计的提前介入和责任履行过程的跟踪审计。通过经济责任审计对行政部门责任履行的全面评价,为问题处理环节提供其责任履行的全面性、完整性、系统性信息。当然,专施责任问题处理的部门应当包括对责任履行得好的单位及其领导干部的奖励和对责任履行不好的单位及其领导干部的处罚。由此可见,常态化的行政问责机制中,经济责任审计的定位是:行政责任履行情况的"发现"环节,这与经济责任审计的"监督问责服务信息系统"的本质特征相符。以经济责任审计为切入点推进行政问责制建设具有独特优势,通过经济责任审计的提前介入,启动行政问责程序,将行政问责由被动问责推向主动问责,由事后应急型问责推向事前的防御型问责,由非常态化问责推向常态化问责。经济责任审计与行政问责,形成了机制互补关系。经济责任审计在行政问责机制中"发现"环节的定位体现在:经济责任审计是启动行政问责机制的重要基础;经济责任审计推动行政问责制度的制定与完善;经济责任审计促进行政问责制度充分执行;经济责任审计推动政府问责工作机制的构建;经济责任审计以行政处理处罚权促进行政责任的落实等诸方面。

三、审计协同机制创新——构建"大审计"协同机制

国家把社会建设摆在重要位置,推动了社会保障制度的完善、社会福利和医疗卫生体制的改革以及基本公共服务体系的建设,社会发展成就显著。但是,一个社会仅仅有公品和公共服务的供给是不够的,必须塑造全社会的共同价值、全体社会成员的健康心态,以及大多数社会成员可以接受并自觉遵循的行为规范。为适应新常

态,社会建设必须转变发展方式,加快软件配置。在当代中国,社会建设新常态的形成离不开政府自身改革和公务员队伍的建设。在新常态下推进社会建设,起码要考虑两个方面的问题,一是要不断加强与人民的沟通;二是政府要取得人民的信任,必须加强自身的改革和建设,真正为人民群众办事,而且是办实事,努力改善与人民群众的关系。

社会建设新常态的关键内容是要不断加强与人民的沟通,政府要取得人民的信任。加强与人民群众的沟通是取得人民信任的重要途径。政府要通过各种信息渠道听取人民的呼声,了解人民的要求。政府与人民信息沟通的渠道较多,如信访、媒体宣传等是常用的信息沟通方式。但是,在这种信息沟通机制中凸显出政府的"被动性"和"单向性"。在现行机制中,政府与人民信息沟通的渠道往往被堵塞,导致信息渠道不畅的现象时有发生。由于信息渠道不畅,人民群众对政府缺乏信任。新常态下如何建立政府主动与人民信息沟通的渠道和双向信息沟通机制,使政府赢得人民群众的信任,有许多新的课题需要研究,尚有许多新的信息渠道需要疏通。虽然政府能单纯通过信访渠道获取人民群众的部分需求,但是这种方式不仅凸显出政府在信息沟通中的被动性,而且信息的系统性、完整性难以确认;媒体宣传是一种单向的信息沟通方式,政府无法从官方媒体中获取人民群众对重大政策、法规的反馈意见。其实,审计部门可以作为政府与人民群众信息沟通的主要渠道。传统的监督机制将审计定位于政府宏观决策和管理的一种工具和手段。所谓审计监督也就是审计部门依据上级管理决策部门的要求和意图,检查评价下级管理部门对上级管理部门的"忠诚度"。审计信息的获取主要通过对被审计单位内部管理资料的研判,审计信息的披露也主要在管理者之间内部通报。这种封闭式的审计运作机制,使审计脱离了其应有的本质面貌,也使审计难以适应新常态下政府与人民群众双向信息沟通的要求。

通过经济责任审计建立政府与人民群众双向信息沟通机制是新常态下审计机制创新的必然选择。党政领导干部依法治国、依法执政和依法行政过程实质上是履行其受托责任的过程,党政领导干部受托经济责任履行得好坏,不仅关系到党和政府依法治国、依法执政、依法行政战略目标的实现,也关系到党和政府在执政过程中能否赢得人民群众的信任和支持,党和政府的方针政策及其贯彻落实能否使人民群众满意。可以说,经济责任审计是对党政领导干部经济责任履行情况和结果客观公正的评价,不应仅仅是为上级管理机关对领导干部考核、评价并确定是否提拔任用的依据,也应是党和政府与人民群众信息沟通的桥梁和渠道。通过经济责任审计的方式建立党和政府与人民群众信息沟通的桥梁和渠道,必须构建"大审计"协同机制。

所谓"大审计"协同机制就是建立以审计信息采集、处理加工和披露为中心的多部门协同机制。经济责任审计中，审计部门作为审计信息采集、处理加工和披露的"中枢"，其"前端"是审计原始信息采集来源渠道，其"末端"为审计系统信息的应用机构。

传统的审计信息采集机制中，审计信息主要来源于被审计单位内部，审计部门对被审计单位内部原始资料的查证过程成为获取审计原始信息的主要方式。其实，这种获取审计原始信息的方式将审计人员限制在一个相对"封闭"的环境之中，阻断了审计与社会的广泛联系，容易造成信息来源渠道不畅，或造成某些重要原始信息的人为屏蔽。新常态下必须改变这种审计信息渠道不畅的状态，建立审计与社会的协同机制，即审计部门与人民群众的信息沟通机制。审计部门与人民群众的沟通，首先是从广大人民群众中获取党政机关及其领导干部履行依法治国、依法执政、依法行政责任情况和结果的信息。党政机关及其领导干部的权力运行和责任履行，往往超出其所任职的单位和机关以外，其效应和影响涉及全社会；党政机关及其领导干部的责任履行得好坏，基层群众感受最深。对领导干部责任履行情况和结果的评价，人民群众往往掌握大量的第一手资料。因此，审计部门在业务机构上应做必要调整，在现行的审计机关内部应设立专门的面对被审计单位以外的单位、机构、团体和人民群众个体的社会信息采集机构。审计部门的工作方式也应做重大调整，由原来的以被审计单位内部信息采集为主，改为内部采集和社会采集并行审计运行机制。实践证明，这种监督体制存在着重大缺陷：监督部门功能交叉重叠，浪费监督资源；监督部门"权力弱势"，制约监督效率；监督系统"封闭"，缺乏公民参与机制；监督信息"不对称"，缺乏动力机制等。我国现行监督体制的种种弊端根源在于国家经济监督系统是一种封闭的缺乏独立"公民"参与的"内部人"监督系统。改革我国现行国家经济监督体制是克服政府监督机制弊端的当务之急。新常态下构建"大审计"国家经济监督协同机制是克服现行国家经济监督体制弊端的有效途径。

第二节　网络时代背景下的同步跟踪审计机制

一、经济责任同步跟踪审计概述

经济责任审计的同步跟踪审计，是指在经济责任审计过程中将党政主要领导干部安排在同一个审计项目实施审计，或沿着被审计领导干部权力运行路径和履行经济责任过程实施审计的项目安排和审计模式。在我国经济责任审计实践中，同步审计是指将党政主要领导干部安排在同一个审计项目实施审计的组织协调模式,这种同步审计是一种狭义的同步审计。从更广泛的意义考察,沿着被审计领导干部权力运行路径和履行经济责任的过程安排"任职期初审计""任职期中审计"和"离任审计"这种"三审连贯"的审计实施项目的组织协调模式,这也是一种"同步审计",这种同步审计又具有跟踪审计的特征。因此,经济责任同步跟踪审计是从更加广泛的视角来考察同步审计的内涵。

（一）党政领导干部经济责任同步审计

党政领导干部经济责任同步审计狭义是指对"党""政"领导干部的"同步审计",即指由同一审计机关在同一时段内,对同一行政区域或同一部门（单位）的党政主要领导干部在相同任职期间,党政领导干部所在的被审计经济组织及其被审计的党政领导干部个人经济责任履行情况和结果进行的鉴证、评价和个人责任界定。

党政领导干部经济责任同步审计的特点是:

1. 同时实施,规范管理

将经济责任同步审计作为一个审计项目组织实施,即出具一个通知书,审计实施结束后形成一份审计报告和两份审计结果报告。在对问题的定性处理方面,针对同一类型的问题以事实为依据,做到事实清楚、数据准确、标准一致,统一研究处理处罚意见,统一划分责任界定标准。

2. 联合进点,合力推进

坚持纪委、组织部门领导参加的联合进点制度,由纪委、组织部领导,从不同角度向被审计单位及相关部门领导、审计人员分别提出要求,增强了审计工作的严肃性和权威性。审计实施过程中,对审计发现的异常问题、重大事项坚持共同研究,随时交流和通报工作情况,注重发挥联席会议成员单位的作用,合力推进经济责任同步审计工作。

3. 全面推进,突出重点

实行党委和政府主要领导经济责任同步审计,把重大经纪事项的决策、执行全部纳入审计范围,可以有效克服过去单纯进行政府主要领导经济责任审计的片面性,全面反映经济责任的履行情况。党政领导经济责任同步审计,实际是对两个被审计对象在相同经济事项的不同经济责任进行审计评价,如何合理划分党委和政府主要领导的经济责任,并采用适当的标准进行评价,是一项重大挑战。

（二）党政领导干部经济责任跟踪审计

近年来，随着经济社会的快速发展，各级政府不断加大对基建、农业、社保、环保等领域的投入力度。为了提高资金使用效益，有效防止重大的投资项目、重大的民生工程、重大的生态环境建设项目搞劳民伤财的形象工程、政绩工程和"豆腐渣"工程，审计机关应及时调整思路，将过去的事后审计改为事前介入、事中跟踪，对政府投资项目、财政专项资金等尝试进行全过程跟踪审计，跟踪审计应运而生。关于跟踪审计的定义，目前理论界还没有形成一致的看法。国内对跟踪审计的研究大部分集中在工程项目上。在工程项目跟踪审计的理论研究中，研究的对象也有差异，有的研究工程项目全过程跟踪审计，有的则仅限于施工阶段跟踪审计。结合目前已有的研究成果和审计工作实践，跟踪审计是指审计人员旨在提高经济组织的绩效对审计实施对象进行真实性、合法性验证确认的基础上，适时进行绩效评价、持续跟踪经济活动过程和及时反馈信息的一种审计组织协调模式。

党政领导干部经济责任跟踪审计也是一种同步审计。从经济责任审计与被审计领导干部受托责任履行过程的关系来看，经济责任审计与被审计领导干部履行责任过程的同步，也反映出"同步审计"的特点。根据经济责任审计的"全覆盖"要求，经济责任审计不仅需要对两种不同的党政主要领导干部进行同步审计，也要对同一领导干部的任职全过程进行同步审计，这种同步审计反映出"跟踪审计"的特点。对领导干部经济责任履行全过程的跟踪审计自制协调模式，在审计项目安排上应选择"三审连贯"的审计项目安排模式，就是说每一个被审计领导干部从任职开始到任期结束，都必须经历"任职期初审计""任职期中审计""离任审计"三类相互衔接连贯又相对独立的审计项目。

（三）经济责任同步跟踪审计的作用

党政领导干部经济责任同步审计是指对同一经济组织党委书记和行政首长安排同一个审计项目实施审计。这种同步审计是对"不同审计实施人员对象"的同步审计，是一种狭义的"同步审计"。党政领导干部任职过程的同步审计，是沿着被审计领导干部权力运行路径和履行经济责任的过程安排审计实施项目的同步审计，这种同步审计又具有跟踪审计的特征。这种经济责任的同步跟踪审计，与狭义的同步审计共同构成了广义的"同步审计"，也称为党政领导干部经济责任同步跟踪审计。党政领导干部经济责任同步审计和党政领导干部任职过程的同步审计（跟踪审计）二者之间"你中有我""我中有你"，相互渗透，难以分割，又自成体系。之所以难以分割，是因为二者可以同时出现在同一个审计项目中，审计人员既要同时针对"党""政"

领导干部双重责任范围和内容进行审计；又要同时针对"党""政"领导干部双重责任履行过程进行跟踪，并与其责任履行过程同步实施审计。在相互渗透中自成体系，这是因为在审计立项时从不同视角建立审计项目，实施同步审计与跟踪审计的立足点各不相同。党政领导干部经济责任同步跟踪审计的重要意义主要包括以下几个方面：

第一，有利于经济组织对经济活动的科学决策。开展党政主要领导干部经济责任同步审计，审计内容涵盖了全部决策责任。不论党委书记、行政首长如何分工，他们的职责叠加在一起，必然包括了整个经济组织管理的方方面面，不管是财政财务管理、制度建设，还是重大经济事项等。这对于推动经济组织的科学决策和决策的有效执行十分有利。

第二，有利于对经济组织党政领导干部做出客观公正的评价。经济责任审计采用同步跟踪审计模式，实现经济责任审计对党政领导干部责任范围和内容的"全覆盖"，这样更便于审计机关对被审计领导干部做出客观公正的评价，也有利于上级党委、行政首长了解掌握领导干部的全部情况。从而防止选错人、用错人或降低"带病提拔"干部的概率。

第三，有利于提高经济责任审计的工作效率。在现阶段"党委书记和行政首长共同决策"的管理模式下，行政首长的大部分重大事项，都是在与书记和行政首长充分沟通和协商的基础上做出的决定。因此，决策正确与否以及决策的好坏，一般情况下都关系党、政两位一把手，双方都有责任。从某种程度上说，清楚项目事实，对两位领导干部的评价都有影响。尤其是对书记和行政首长同时任职和离任的审计项目，这种作用更加明显。

第四，有利于促进被审计单位整改意见的落实。开展书记、行政首长经济责任同步跟踪审计，能提高党政干部对经济责任审计工作的认识程度和重视程度。两位党政一把手同时接受审计，也有利于审计问题的整改落实。

二、党政领导干部同步审计

（一）党政领导干部同步审计的思想基础

党政领导干部经济责任同步审计，是指对"党""政"领导干部被审计人员"二元"对象的"同步审计"，即指由同一审计机关在同一时段内，对同一行政区域或同一部门（单位）的党政主要领导干部在二者相互交集的任职期间安排同一审计项目进行审计。按照我国现行的干部管理体制，党政领导干部经济责任同步审计适用于四类经济组织的党政领导干部。①区域性经济组织党政领导干部，包括主持"块块"工作的各级地方党委、政府的党政领导，如各省（直辖市、自治区）、市（自治州、行政公署）、县（区）、乡（镇）四级党政领导干部；②部门性经济组织党政领导干部，包括主持部门工作的党政领导干部，主要指那些党组书记与行政主官由不同人员担任的部门，如党委工作部门、政府工作部门、司法工作部门等；③事业性经济组织党政领导干部，包括实行党委领导下校（院）长负责制的高等院校、各级医疗机构等；④企业性党政领导干部，包括国有及国有控股企业（含国有及国有控股金融企业）董事长、总经理、党委书记。

在我国现行管理体制下，区域性经济组织的党委主要领导干部侧重决策方向、监督制度建设；行政主要领导干部侧重实施具体事务管理。党政领导与经济活动相关的权力主要是经济决策权、经济管理权、经济政策执行权和监督权，决策、管理、执行、监督是一个互相交叉的连续过程。现阶段在我国地方经济工作中，党委和政府的关系可以概括为"党领导一切""党政共抓经济工作"。党领导一切，党委对政府具有政治领导、思想领导和组织领导权。党的民主集中制是民主基础上的集中和集中指导下民主的结合。因此，在制定一个市的发展规划及重大经济决策事项上，市委对政府具有领导权，在界定市委书记和市长共同决策的重大经济事项责任时，就可以确认市委书记具有决定权，应负有首要责任。

在我国，任职于同一个区域、同一个部门、同一个事业单位或同一个国有企业等公共经济组织的党委书记和行政首长，是同一个经济组织共同的第一责任人，即同一经济组织内部具有两个"第一责任主体"。从两个"第一责任主体"的工作职责和工作内容看，双方是协调配合、融为一体、密不可分的关系，二者也有着共同的责任领域范围和共同的责任目标，即实现公共经济组织价值增长的目标。不同经济组织中的党政领导干部，作为同一经济组织内部的两个"第一责任主体"，在党政共抓经济工作的大背景下，二者在一个共同的领域范围之内运行权力并发挥作用，二者在领导管理经济组织经济工作的权力和责任范围上具有高度的一致性。这就是对党政领导干部经济责任实时同步审计的思想基础。

（二）党政领导干部责任区分

尽管任职于同一公共经济组织的党政主要领导干部是同一个经济组织共同的第一责任人，即同一经济组织内部具有两个"第一责任主体"。但是，在责任主体双方相互协调配合、实现共同责任目标的前提下，在其工作内容上（经济责任范围和内容）各有分工，在责任的履行目标上各有侧重，在履行责任目标的手段上各不相同。

在我国经济组织现行授权体制下,公共经济组织分为"全责型"和"分责型"两类。一个"全责型"经济组织,其责任范围除了管理公共资源社会化配置和业务化配置的整体业务职能责任外,还包括公共资源内部配置管理的责任(财政财务管理责任、实物资产管理责任、人力资源管理责任),即"四类"责任范围框架。公共经济组织党政领导干部权力运行范围不仅高度一致,而且与其所共同领导管理的公共经济组织的权责范围也必然高度一致。因此,同一个公共经济组织的党政主要领导干部的权责范围包括:管理公共业务的整体业务职能责任和公共资源内部配置管理的责任。党政主要领导干部共同的责任范围即经济组织的业务职能管理责任、财政财务管理责任、实物资产管理责任、人力资源管理责任。正是由于党政主要领导干部权力在同一个范围内运行,才需要二者相互配合,密切合作,形成权力运行"合力",共同推进组织价值增长目标实现。

经济组织的经济活动,从其纵向结构层次来看,包括决策、组织和作业三个层次,经济活动是经济组织受托经济责任的履行过程,事实上经济组织的经济活动内容由领导干部及其全体员工的管理行为构成。在"四类"责任范围框架中的经济活动内容,就是经济组织领导干部及其全体员工经济责任内容。经济组织党政主要领导干部处于经济组织管理主体的"决策层"和"组织层",其经济责任的内容主要是决策活动。尽管经济组织中党政领导干部都处于高层管理者的地位,都参与经济活动的重大决策,但是在其履行责任的履行目标上各有侧重,履行责任目标的手段上各不相同。经济组织中党的主要领导干部的责任目标带有明显的政治倾向,在经济组织决策过程中充分运用党委领导经济工作的方针、政策手段,发挥着把握经济活动正确的政治方向的重要作用。经济组织中行政主要领导干部的责任目标带有明显的行政倾向,在经济组织决策过程中充分运用行政性的控制操作规程、把控行政效率和经济效果等手段,发挥着把握经济活动正确的经济方向的重要作用。

党政共抓经济工作,党领导经济工作主要是总揽全局、把握方向、协调各方、提出战略、制定政策,而行政机构管理经济工作主要是经济调节、市场监管、社会管理和公共服务。党委和行政机构对经济工作的不同职能就决定了对于关系国民经济和社会发展规划、关系国计民生的重要问题,对于城乡关系、经济和社会发展关系、人口和资源环境关系、社会收入分配关系、改革发展和稳定关系等问题,对于中央和地方、当前和长远关系等问题的决策都需要经常委集体讨论,书记具有最终拍板的权力,因此在对党委书记的审计评价时就应关注上述内容。而对于涉及具体的经济组织财政收支管理、部门重大专项资金管理、执行经济管理政策等日常性工作,则应在行政首长经济责任审计评价时重点关注。对党政领导的经济责任审计采用经济责任同步审计的方式适应了地方党政领导经济目标一致、重大决策统一、经济责任相关、权力监督相同的特点，对促进地方党政领导经济责任审计的深化，提高审计的成效具有重要的意义。

（三）经济责任同步审计模式的完善

党政主要领导干部经济责任同步审计具有常规审计无法比拟的优势，审计成效相比单个审计项目更显著。近几年来，全国各地审计机关积极探索对党政主要领导干部经济责任实施经济责任同步审计的方法。开展党政主要领导干部经济责任同步审计与党政领导干部经济责任"分别审计"有着明显的比较优势。在实际工作中，书记和行政首长工作交叉的时候的确很多，同一事项两个人共同参与是党政领导工作机制的常态，如何来界定在同一事项的决策中谁承担直接责任、谁承担主管责任或领导责任，成为经济责任同步审计判断的难题。当两位领导干部的审计结果报告同时提交时，审计评价责任界定不清成为经济责任同步审计的明显不足。

如何有效地解决这一问题，关键在于着手建立完善的经济责任法律规范体系，提升经济责任审计的规范化进程和法治化水平。一是从立法层面入手，完善国家审计法的相关条款，并制定高层次的法律法规，进一步提升经济责任审计工作的法律地位，从立法的角度确保经济责任审计工作的依法独立履行；二是从法规规章入手，分层次出台完善经济责任审计工作的行政法规、部门规章和地方性法规。如各级政府应加快出台完善适用于地方党政主要负责人经济责任审计的评价办法、审计对象分类管理办法、离任经济事项交接办法、审计计划滚动规划办法等，在各层级政府提升经济责任审计的法治化、规范化水平；三是从操作指南入手，尽快制定适用于全社会的分类型、分层级的经济责任审计操作指南，从总体上和具体审计类型上对经济责任审计工作在实践操作中的指导原则、审计程序、审计级别、重点内容、组织实施、成果运用等方面予以详细规范。这项工作，应结合审计实践深入研究，边实践边制定、边试用边完善，以便在统一规范的基础上进一步突出审计重点，提升审计质量。当然提高审计人员素质，打造专业化、多层次、高水平的审计队伍也是一个不可忽视的重要任务。

三、领导干部任职过程同步审计

（一）领导干部任职期初审计

任职期初审计是指审计机关或内部审计机构对当年新任职的领导干部任职目

标、任职规划、计划或方案的科学性、适当性、可行性进行审计的一种审计方式。任职期初审计时间,为安排新任职、任新职的领导干部从到任开始到半年之内;任职期初审计目的是预先规范领导干部的权力范围,防止其滥用职权,进一步明确领导干部的任期责任目标和内容;任职期初审计的目标是进一步促进领导干部任职目标、任职规划、计划或方案的科学性、适当性、可行性;任职期初审计主体是审计机关,联席会议组成单位,尤其是组织部门;任职期初审计的实施对象是领导干部上任后向组织或其他干部管理部门、被审计经济组织上级业务管理部门提交的任职规划、计划或方案(简称任职计划)。

经济组织领导干部任职期初审计的内容,主要是围绕着领导干部上任后向组织或其他干部管理部门、被审计经济组织上级业务管理部门提交的任职计划内容,检查评价任职计划中确定的责任范围和内容是否全面完整;检查评价任职计划中确定的责任目标是否科学、适当;检查评价任职计划中确定的责任履行方案、重大措施是否适当、可行;检查评价任职计划中确定的其他事项是否正确等。

1. 检查评价任职计划确定责任范围内容的完整性

"全责型"经济组织的经济责任"四类"责任范围是规范领导干部责任范围的依据,在领导干部任职计划中,被审计领导干部的责任范围应按"四类"责任范围框架,分类别列出主要业务经营管理责任范围、财政财务管理责任范围、实物资产管理责任范围、人力资源管理责任范围。"分责型"经济组织在"四类"责任范围框架之内,按照上级组织授予的权力范围规范领导干部责任范围,在领导干部任职计划中,被审计领导干部的责任范围应按上级组织授权范围分类别列出主要业务经营管理责任范围及其他内部资源配置管理责任范围。检查评价任职计划中领导干部责任范围是否全面,主要是看被审计经济组织的经济责任是否全部列入任职计划。无论"全责型"经济组织还是"分责型"经济组织,其被审计领导干部都处于组织最高管理者的地位。但是,在一个全责型经济组织中,又分为高层、中层、基层不同层次的管理机构。最高层管理机构一般属于全责型机构对整体经济组织负全责,如区域性经济组织党委、政府,企业、事业性经济组织的董事会、党委等,又称为全责型经济组织的全责型机构,这种全责型机构担负着经济组织的战略决策责任,这一类机构中主要领导干部的责任内容主要是制定战略决策,并保证战略决策的科学性、适当性。在这类机构的主要领导干部任职计划中,应列入战略决策制定工作的全部内容,对其任职计划内容进行完整性的检查、评价,主要是看其应列入计划的战略决策责任内容是否全部列入。中层或次高层管理机构根据上级组织授权,既可能是全责型管理机构,也可能是分责型管理机构,如党和政府部门、企业总经理层、事业单位行政领导层等,这种机构又担负着经济组织战术决策责任,其主要领导干部的责任内容主要是制定战术决策(贯彻战略决策的行动方案)和建立健全内部控制。在这类机构的主要领导干部任职计划中,应列入战术决策制定工作的全部内容,对其任职计划内容进行完整性的检查和评价,主要是看其应列入计划的战术决策责任内容是否全部列入。基层管理机构根据上级组织授权,一般是分责型管理机构,如党和政府部门、企事业单位内部各部门等,这种机构又担负着经济组织决策执行责任,其主要领导干部的责任内容主要是制定决策执行。在这类机构的主要领导干部任职计划中,应列入战术决策中安排的部门各项工作任务的全部内容,对其任职计划内容完整性的检查评价,主要是看其应列入计划的决策执行责任内容是否全部列入。

2. 检查评价责任目标确定的科学、适当性

战略决策型领导干部、战术决策型领导干部、决策执行型领导干部在经济组织中所处的地位不同,其责任目标也各不相同。战略决策型领导干部的责任内容是制定战略决策,包括制定经济组织的业务职能方面和内部资源配置方面的各类方针、政策;选择经济组织长远发展方向和目标;组织编制经济组织长远发展战略方案等。其责任目标是保证其战略决策中的方针政策、长远发展目标及其战略方案的科学、适当。检查评价战略决策型领导干部任职计划中确定的责任目标是否科学、适当,一要看方针政策、长远发展目标及其战略方案是否有违反党和国家的法律法规和方针政策规定的情况,在征求干部和群众意见时,是否得到多数群众的满意或认可。二要看方针政策、长远发展目标及其战略方案中反映各项责任目标的量化指标是否清晰、量化指标涵盖的战略决策制定工作内容是否全面、反映各项责任目标的量化指标是否过高或过低等。

战术决策型领导干部的责任内容是选择、审批各基层部门的年度业务工作计划,包括领导制定各业务职能部门和各内部资源配置部门的年度工作计划、组织建立各部门内部控制制度,如制定财务预算或计划和建立财务活动领域内部控制制度、领导制定实物资产管理计划和组织建立实物资产管理领域的内部控制制度、领导制定人力资源管理计划和建立人力资源管理领域的内部控制制度以及制定各部门业务职能管理计划和组织建立各部门业务职能管理领域的内部控制制度等。其责任目标则是保证其战术决策中的业务职能和资源配置各领域的年度计划的科学、适当,内部控制制度健全和适当。检查评价战术决策型领导干部任职计划中确定的责任目标是否科学、适当,一要看计划内容是否有违反党和国家的法律法规和方针政策规定、突

破战略决策内容的情况，在征求干部和群众意见时，是否得到多数群众的满意或认可；二要看年度计划中反映各项责任目标的量化指标是否清晰、量化指标涵盖的战术决策制定工作内容是否全面、反映各项责任目标的量化指标是否过高或过低。检查评价内部控制制度健全性、适当性，主要是从制度体系上，看应当建立内部控制的领域是否都建立了完善的内部控制制度；从单项内部控制制度上，看已建立的内部控制制度中的控制点、控制手续是否齐全有效。

决策执行型领导干部的责任内容是执行各基层部门的年度业务工作计划，包括执行各业务职能部门和各内部资源配置部门的年度工作计划，执行本部门的内部控制制度。如财务部门执行财务预算或计划和财务活动领域内部控制制度；实物资产管理部门执行实物资产管理计划和实物资产管理领域的内部控制制度；人力资源管理部门执行人力资源管理计划和人力资源管理领域的内部控制制度；其他各业务职能部门执行各部门业务职能管理计划和各部门业务职能管理领域的内部控制制度等。其责任目标则是保证其战术决策中的业务职能和资源配置各领域的年度计划的科学、适当。在任职期初审计中，检查评价决策执行型领导干部任职计划中确定的责任目标是否科学、适当，主要是看任职计划内容中选择的决策执行目标与战术决策中规定的各项任务目标是否一致。

3. 检查评价责任履行重大措施的适当、可行性

由于战略决策、战术决策、决策执行中各类型的领导干部所处的地位不同，其责任目标不同，那么其履行责任重大措施的"重大"程度也不同。战略决策型领导干部任职计划中的"重大"措施，也是保证战略决策目标实现的重大措施，对于整个经济组织而言，它是动员整个经济组织的全部力量或主要力量、为实现战略目标而可以跨多个年度多个部门、"牵一发而动全身"的行动纲领。检查评价战略决策型领导干部任职计划中的"重大"措施的适当可行性，要从全局视角考察重大战略措施是否能动员整个经济组织所有成员的积极性和主动性；要从经济视角考察重大战略措施成本和效益对比关系；要从环境视角考察重大战略措施可能给生态环境保护带来的负面影响。

战术决策型领导干部任职计划又是战略决策的执行计划。战术决策型领导干部任职计划中的"重大"措施相对于战略决策型领导干部任职计划中的"重大"措施而言，其具有明显的局部性的特征；相对于决策执行型领导干部任职计划中的"重大"措施而言，又具有统领性特征。检查评价战术决策型领导干部任职计划中的"重大"措施的适当可行性，要从战略决策视角考察其重大战略措施是否符合战略决策的要

求；要从决策执行的视角考察重大战术措施中对各部门的职能任务安排是否清晰、资源配置是否合理充分、业务流程和具体方法是否得当等。

决策执行型领导干部任职计划又是战术决策的执行计划。决策执行型领导干部任职计划中规定的计划任务目标，以及任职计划中的"重大"措施相对于战术决策型领导干部任职计划中的责任目标和"重大"措施而言，具有明显的贴近各种经济业务活动"第一线"的特征。检查评价决策执行型领导干部任职计划中责任目标的选择适当性，要依据战术决策领导人批准实施的各项经济活动年度计划中规定的各项任务目标与被审计领导人员任职计划中选择的任务目标是否保持一致；检查任职计划中的"重大"措施的适当可行性，要从战术决策视角考察其重大战略措施是否符合战术决策的要求；要从决策执行的视角考察重大决策执行措施是否能保证部门责任的有效落实。

此外，还要检查评价领导干部任职计划中确定的其他事项是否正确。如政策变更事项、资产负债事项、员工素质培养事项、可持续发展事项等，主要考察任职计划中上述事项的发展目标确定、免责条件的选择是否合理、合法合规等。

任职期初审计的方法可以采用审计的一般方法，如审阅法、分析法、验证法等；也可以借鉴其他方法，如问卷调查法、专家意见法等。任职期初审计在资料处理上也要有搜集审计证据、编制审计工作底稿、建立档案的过程。经检查评价确认的领导干部任职计划与审计工作底稿一并存入为领导干部个人建立的审计档案中。在任职期初审计中无论是对于限制领导干部个人权力，扎好限制权力的"笼子"，还是建立科学的领导干部责任评价机制方面都具有十分重要的现实意义。具体地说，任职期初审计有利于促进领导干部贯彻科学发展观，限制领导干部滥用职权；有利于完善领导干部管理制度建设，推动组织或其他干部管理部门完善领导干部事前管理和预防腐败机制，有利于前后任领导干部的权力交接过渡，防止出现领导干部权力真空或越权行政等行为，保证领导干部任期责任的正确履行；有利于建立科学评价体系，得出公正的评价结果。

（二）领导干部任职期中审计

领导干部任职期中审计，是审计机关或内部审计机构对担任现职领导干部任职期间的年度责任履行进度情况进行审计的一种审计方式，也称任中审计。领导干部任中审计时间是领导干部任职期间的"中间"时点，现实工作中，在每个领导干部任职期间进行一次任中审计，仍然显得审计间隔时间过长，最好的选择是每年进行一次任中审计。任中审计的目的是了解干部任期计划完成进度情况，对被审计领导干部在任职期间每一年度任职计划履行的真实性、合法性进行验证确认，借以发现任职期间报告信息弄虚作假和履行责任行为违法违规等问题，并确认反映年度责任内容的年度指标实际实现值。任中审计的目标是进一步促进领导干部报告责任履行的真实性，行为责任履行的合法性。任中审计的主体是审计机关或内部审计机构派出的审计小组；任中审计的实施对象是领导干部任职期间，所任职的经济组织的业务职能管理责任和内部资源配置管理责任中的决策责任或执行责任。

经济组织领导干部任中审计的内容，主要是围绕着领导干部上任后向组织或其他干部管理部门、被审计经济组织上级业务管理部门提交的任职计划内容，验证确认任职计划中确定的反映年度责任的年度评价指标中"涉评数据"的真实性，即真实性验证和确认。验证确认任职计划中确定的反映年度责任的落实年度评价指标行为的合法性，即合法性验证和确认。

1. "涉评数据"的真实性验证确认

用于计算评价指标的"涉评数据"是反映被审计经济组织责任履行情况、审计实施对象数据化的原始信息，是从审计实施对象中采集而来的，这种数据化信息往往难辨真伪。"涉评数据"的真实性验证确认，就是审计人员运用审计专业技术和职业判断方法对其进行去伪存真的过程。验证确认"涉评数据"的真实性，首先是发现涉评数据中虚假成分，通过对单项数据的整体虚假、数据构成不完整造成的部分虚假、数据计算方法和口径标准的不公允导致数据生成结果的虚假以及因证实数据真实性的证据不充分形成的真假难辨等情况的判断。然后去伪存真，将排除虚假因素影响以后的确认为真实性的数据。其真实性验证确认的结果包括发现虚假数据和确认真实数据。

2. "涉评数据"的合法性验证确认

反映被审计经济组织责任履行情况的审计实施对象数据化原始信息的准确性，既受其信息生成方式、方法（是否信息造假）的影响，也受信息生成基本载体（经济活动是否违法违规）的影响。被审计经济组织履行经济责任的过程，即为经济活动过程中履行责任的行为。其行为是否合法合规，必然会影响到用于计算评价指标的"涉评数据值"的大小；违法违规行为下产生的经济活动量化信息虽然是真实的，但却不是正确的信息数据。"涉评数据"的合法性验证确认，就是审计人员运用审计专业技术和职业判断方法对其进行准确性的矫正过程。验证确认"涉评数据"的合法性，首先是发现经济活动中的违法违规违纪成分，通过对违法违规违纪行为问题的查证，发现对涉评数据正确性的影响因素。然后判断违法违规违纪行为对涉评数据的影响程度,将排除违法违规违纪行为因素影响以后的确认为正确性的数据。其合法性验证确认的结果包括发现违法违规违纪问题和确认准确数据。

任中审计的形式应采取同步审计的方式,包括两个同步,一是与常规审计同步,由于经济责任审计任务繁重,单独开展任中审计项目无论是在审计人员力量配置上,还是在审计的时间上都难以达到相应的要求,领导干部任中审计与每年对经济组织的常规审计项目同步进行,可以有效利用常规审计结果,节约审计时间,减轻审计人员工作量,提高审计效率;二是与经济组织内全部被审计的领导干部的任中审计同步,无论是战略决策型领导干部、战术决策型领导干部,还是决策执行型的领导干部,只要在同一个经济组织内部任职,其经济责任都是经济组织经济责任的组成部分,对经济组织开展常规性的全面审计,涉及所有领导干部的经济责任履行情况信息,同一组信息可以用来判断所有领导干部的责任履行情况。对经济组织内部全部被审计的领导干部实行同步审计也是提高审计效率的有效途径。

确切地说,任中审计目标就是真实性、合法性验证确认目标,其实施的方法就是现行常规审计所采用的方法,只不过任中审计的结果(包括发现的问题和确认的真实性、合法性信息)需要到离任审计时分别计入领导干部责任评价指标和界定领导干部的问题责任中去。因此,任中审计方法包括一般方法和特殊方法。任中审计的一般方法主要包括书面资料验证确认方法,实物资产的盘存、验证确认方法,经济活动的调查、分析方法等。任中审计的特殊方法主要体现在资料处理方法上,主要是分人编制审计工作底稿,并与各领导干部任职期初审计资料一起存入领导干部个人审计档案。任中审计的重要意义在于:有利于促进领导干部在任职期间积极履行责任,推动其责任目标的有效实现;有利于审计部门及时掌握责任履行动态,为客观公正评价领导干部责任履行结果奠定了坚实的基础;有利于实现经济责任审计对领导干部责任的全覆盖,为实现经济责任审计信息的完整性、系统性创造了良好的条件。有利于减轻离任审计的压力,为降低审计风险、提高审计效率和审计质量做了充分准备。

(三)领导干部离任审计

领导干部离任审计是审计机关或内部审计机构对当年离任的领导干部所在的经济组织整体责任的评价和对领导干部个人任期经济责任界定的一种审计方式。离任审计的时间是领导干部离任时。离任审计的目的是客观公正评价被审计经济组织绩效责任履行情况,公平清晰界定领导干部的个人责任。离任审计的目标是:离任审计的评价目标是有效性目标,即评价被审计组织的绩效(责任)目标是否实现;离任审计的界定目标是正确界定领导干部个人责任。离任审计的审计主体是审计机关、内部审计机构、联席会议办公室。离任审计是对被审计组织及其领导干部责任履行情况的有效性审计，也是对其责任履行情况和结果的总结性审计。

领导干部离任审计完成上述四项任务以后即可以编制审计报告。离任审计项目是以经济组织绩效评价和领导干部个人责任界定为主要内容的审计项目。所采用的审计方法除了包括在最后一年任中审计的真实性、合法性验证确认方法以外，还包括经济组织的绩效定量评价方法和领导干部个人责任的定性界定方法。离任审计是对经济责任履行情况和结果的总结性审计，其重要意义表现在：

1. 为干部管理机关考核干部提供科学依据

通过对领导干部任职期间经济管理活动的全面考核评价，既可以发现一个领导干部的领导、组织、协调、控制能力，也可以掌握领导干部执政为民、廉洁奉公、依法行政、科学管理的个人道德修养水平和业务素质。

2. 为建立常态化的行政问责机制提供基础

行政问责是对领导干部履行责任过程和结果进行检查评价、激励处罚的一种责任追究机制，追究责任需要有常规的信息来源，离任审计作为对领导干部责任履行的总结性审计，具有向常态化责任追究部门供应信息的功能。

3. 党政机关廉政、勤政建设的助推剂

离任审计作为总结性审计，其查证和评价过程本身就是对问题的一种制约，其对被审计组织管理机制的检查评价结果，有利于推动干部管理机制的改革，对领导干部个人责任界定结果就是惩治领导干部腐败行为的根据。

第三节　网络时代背景下的行政问责启动机制

一、我国现行行政问责的理论与实践

行政问责制是一整套对公共权力进行监督和制约，并进行责任追究的制度安排。但由于行政问责制的内涵比较丰富，导致不同学者对行政问责制的描述也不尽相同。最具代表性的观点有如下几类：

一是"常态论"。这种观点将行政问责界定为一种常态的问责机制，也称"机制论"的观点。行政问责制是政府实现其行政责任的一种自律或自我控制，即行政自律机制。所谓行政自律机制，是政府凭借自身的行政权力所建立的一种内部控制机制。行政问责制是特定的问责主体针对各级政府及其公务员承担的职责和义务的履行情况而实施的,并要求其承担否定性后果的一种规范。行政问责是民主政治发展的必然结果、公共行政基本原理的具体要求、改善中国政治生态的现实需要。

二是"追究论"。将行政问责界定为一种对政府相关责任人的责任追究。行政问责是对没有充分、完整地履行好分内之事的公共权力使用者进行责任追究,以促使其承担相应的政治责任、道德责任、行政责任或法律责任,并接受各种消极后果的惩罚。问责制是指对政府及其官员的一切行为和后果都必须而且能够追究责任的制度,其实质是通过各种形式的责任约束,限制和规范政府权力和官员行为,最终达到权为民所用的目的。行政问责制是指一级政府对现任该级政府主要负责人、该级政府所属各工作部门和下级政府主要负责人在所辖的部门和工作范围内由于故意或过失、不履行或不适当履行法定职责,造成严重不良社会影响或重大经济损失的后果,以至于损害政府和官员形象的行为,而进行内部监督和现任追究的制度。问责制是对政府及其官员的责任追究制度,需要把握政府向谁负责、政府对什么事情负责、如何实施等几个问题。

三是"制度论"。这种观点是将行政问责界定成为各种制度的总和。行政问责制是基于民主、法治理念在行政管理实践发展到一定阶段产生的,为减少政府行为过错、提高行政效能,由特定主体通过一定程序和形式追究政府相关客体责任不履行或不适当履行法定职责行为的正式制度和非正式制度的总和。推行行政问责制的目的是减少政府的行为过错,提高行政效能,行政问责制的重要内容是一套完整的、系列的行政问责法律规范,内容包括谁来问、向谁问、问什么、怎么问、问责救济等方面,行政问责还必须有一套相应的政策执行机制来保障行政问责法律规范的有效实施。政策执行机制包括如何协调直接问责主体和间接问责主体之间的关系、如何创造条件让社会公众广泛参与等具体问题。行政问责制是问责的一个重要组成部分,它是指特定的问责主体针对各级政府及其公务员承担的职责和履行义务的情况而实施的,并要求其承担否定性结果的一种制度规范。行政问责制是指对现任各级行政主要负责人在所管辖的部门和工作范围内由于故意或者过失,不履行或不正确履行法定职责,以致影响行政秩序和行政效率,贻误行政工作,或者损害行政管理相对人的合法权益,给行政机关造成不良影响和后果的行为,进行内部监督和责任追究的制度。行政问责制是指特定的公共权力主体针对各级政府及其公务人员所承担的职责和义务的履行情况而实施的,并要求其承担否定性结果的制度规范。

尽管如此,上述观点多是从行政部门的内部自律机制或内部控制机制与行政问责机制有机结合的角度讨论行政问责机制的构造问题,这些观点倡导的是一种"同体问责",难免失之偏颇。虽然也提出了"异体问责"的概念,也仅仅是从责任事故的处理追究方面探讨行政问责,没有将行政问责与经济责任审计放在整个行政问责机制中加以研究。同时在行政问责理论研究中,更没有论证清楚行政问责与依法行政、行政问责与经济责任审计、经济责任审计与依法行政的关系等。

我国行政问责的实践发展,主要呈现以下趋势:

第一,以行政管理部门、党纪监督和行政监督部门联合问责为主,以司法部门、国家权力部门为辅的发展趋势。在行政问责中,由于主要以"责任事故"的责任人为问责对象,启动问责程序首先由上级党委和政府责成责任单位的上级管理部门和纪检、监察部门组成联合调查组,对责任事故的发生原因和相关责任人展开调查,明确相关责任人的事故责任,并得出调查结论,分清责任性质;在责任事故的原因即相关责任人的事故责任调查完毕后,联合调查组根据责任性质,分别采取不同的处理方式。属于行政处理范围的,一般由调查组提出行政处理处罚意见,报上级党委和政府进行处理;属于刑事责任范围的,移交司法部门通过司法程序处理;涉及行政干部职务任免的,由党委和政府决定后报请人大审议通过或批准。在行政问责中,启动行政问责程序组建联合调查组,联合调查组往往是临时组建的工作班子,会形成调查组成员责任不明确的问题,同时由于不同部门人员工作方式的差异、调查问题站的角度不同,在责任事故调查中对责任事故性质的判断也会有较大差异,对责任事故的处理意见要么是争论不休,要么是有强势部门或最高级别的领导"一锤定音"。这种行政问责机制也很难实现常态化。

第二,由应急型问责机制向长效型问责制度转变。对责任事故组成联合调查组启动行政问责程序的方式是一种应急型问责方式。这种问责方式一是在责任事故发生时为了控制责任事故危害和影响的扩大而采取的应急措施之一。这种应急措施是一种事后应急方式,对于责任事故来说是一种治标不治本的被动、消极应对措施,起不到长效作用;二是联合调查组也是临时组建的工作班子,在一定意义上说,对责任事故危害和影响的扩展和蔓延起着"消防队"的作用。但联合调查组作为一个临时性工作班子,一旦调查任务结束即行解散,对于如何消除责任事故的长期影响和建立责任事故发生的长效预防机制,起不到更为有效的作用。基于上述情况,一些有识之士呼吁建立常态化的行政问责机制,就是将行政问责机制注入党政机关、行政部门的日常管理工作中去,将经济责任审计纳入行政问责机制之中,以强化行政问责对责任事故的事前预防作用,促进行政问责长效机制的形成。

第三，从以行政责任、法律责任为主转向注重政治责任和道德责任。我国现行的行政问责主要是通过行政、刑事处理、处罚的方式进行问责，应该说，这种问责方式如果用得好，也不失为一种有效方式。但是，在行政问责实施实践中，对责任事故责任人在法律法规制度规定上处理处罚标准较轻，给国家和人民带来重大危害和损失的责任人得不到应有的处罚。另外，在对责任事故行政刑事处理处罚标准较轻的同时，也缺乏对责任事故政治责任、道德责任的追究机制。在行政问责时，往往只追究责任事故造成重大经济损失的责任，对于一些领导干部不负责任、空话连篇、虚报政绩、欺上瞒下等问题并没有纳入行政问责的范畴，这些问题，既是政治问题，也是道德问题。

二、新形势下的行政问责机制重塑

在我国传统的行政问责机制研究中，从"常态论""追究论""制度论"三种不同视角界定行政问责的基本内涵，这种讨论主要是围绕着对行政"责任事故"发生的原因调查组织、责任认定程序和处理处罚机制等展开。尽管如此，其研究仍没有突破就"事故"论"事故"的思维方式，没有将行政问责上升到既问责又问效的理论高度加以论证和阐释，其研究结果难以完整、准确地表述行政问责的基本内涵。理论研究的缺陷，制约和影响着在我国常态化行政问责机制的建立和完善，虽然在我国行政问责的实践中也试图建立有责必问的常态化机制，在责任事故发生时，立即启动责任事故的调查机制，但实质上这种机制是有"事故"必问，而不是有"责任"必问的机制；这种问责机制是一种事故发生后以处理处罚为目的的被动性问责机制；这种机制不仅使得问责与行政责任履行过程脱节，也使得行政问责机制难以实现真正的"常态化"。

现行行政问责"常态化"机制中的缺陷主要表现在以下几个方面：

第一，现行的行政问责机制缺乏问责全面性。目前，行政问责机制要求在发生"责任事故"的情形下启动必要的问责程序，做到有责必问，问责必公。就是说只要发生责任事故，必须启动规范的行政问责程序，对责任人的处理标准公开，处理结果公开。对不同的责任事故处理、处罚标准一致，从而杜绝有责不问和处理处罚标准不一致的情况。这种行政问责的常态化实质上并没有真正实现行政问责常态化。真正的常态化不仅是对责任事故的责任人行政问责的常态化，更主要的是既要对责任人履行责任执法问责和效率问责，也要对责任人履行责任效果问责；不仅对责任人履行责任"负效果"问责，也要对责任人履行责任"正效果"问责。进而使问责制成为一种常态化责任追究制度。但是，这种观点倡导的是一种"同体问责"，难免失之偏颇。

而真正的行政问责常态化机制不仅有"事故"必问,而且是有"责任"必问。

第二,现行的行政问责机制缺乏主动性,对现任各级行政主要负责人在所管辖的部门和工作范围内出现故意或者过失进行质询、弹劾、罢免等方面的追究,对于加大问责的力度,建立"异体问责"和民主问责机制,无疑有着良好的作用。但是,这种观点仅仅将问责机制界定为"孤立"的事故追究问责,没有将问责制与行政部门责任履行者履责过程纳入问责范畴,仅仅局限于履责"负效果"的追究。同时,这种问责机制是在责任事故发生后,临时启动的问责机制,在责任事故调查中,也只是围绕事故发生的原因、事故责任展开调查,调查的范围仅局限于"事故"。而责任事故的发生既具有必然性,也具有偶然性,责任事故的调查更多关注的是偶然原因(直接原因),往往忽略必然原因(日常管理责任长期履行情况),这种问责机制实质上是让责任事故牵着鼻子走,虽然对以后的责任事故发生有一定的警示作用,但是对本次责任事故的预防却无能为力。

第三,现行行政问责机制与责任目标脱节。现行的以"责任事故"责任调查追究为中心的行政问责机制无法将行政问责与行政责任履行目标相衔接。行政机关作为社会公共经济组织,所承担的公共经济受托责任可概括为决策制定、决策执行过程和结果信息的真实性责任(报告责任),决策、执行过程合法性责任(行为责任),决策、执行结果有效性责任(绩效责任)。我国行政问责的客体实质上是指党政机关领导干部和国有及国有控股企业、事业单位领导人员承担的报告责任、行为责任和效果责任。概括起来,行政问责的目标应包括:经济活动信息真实性、可靠性,经济活动过程合法性、合规性,经济活动结果有效性、公平性这三大目标。在事故责任调查和追究过程中,更多的是调查事故当事人是否违法违纪、是否违反操作规程等,这些问题的发生表面上看是由于事故的当事人违法违纪和操作不当造成的,是一种决策执行责任。而从以往的经验看,责任事故的发生与整个决策、决策执行都有着直接或间接的关系,实质上是行政责任长期以来得不到有效履行的结果。行政问责不能与责任目标相脱节。

第四,行政问责机制的启动缺乏制度约束。现行的行政问责机制十分不完善,在以责任事故为中心的问责机制中,往往在责任事故发生后匆忙启动问责机制。启动问责机制往往从成立责任事故调查组开始。在上级领导足够重视的情况下,调查组就配置高层领导负责;在上级领导不够重视的情况下,调查组就配置一般的领导负责。调查组有哪些部门参与,也往往具有不确定性。总之,事故调查组的派出、哪些部门组成、哪些人员参与、调查组有哪些权利和责任等都是临时性的,甚至是随意性的，缺乏制度性的约束。在这种情况下，行政问责程序启动难以形成规范化的机制，调查组的派出机构、组成部门、参与人员、权利和责任不明确、不固定的情况下，审计部门在行政问责机制中难以准确定位。

真正的常态化行政问责机制，不是在责任事故发生后才问责，而是在责任事故没有发生、行政责任履行过程中按阶段检查评价责任履行情况和结果，这种问责机制是以预防责任事故发生和推动责任全面、完整、有效履行为目的的主动性问责机制。新常态下的行政问责机制，是一种全面性的问责机制，也就是行政问责的范围包括一切与职权或职务有关的行为和过程，不仅涉及过错责任，注重对违法违纪责任的追究，还应该把问责的视角扩展到不作为的行政行为上来，把法律法规、纪律管不到的"空白地带"用制度规范起来。新常态下的行政问责机制，也是一种主动防御性的行政问责机制，即行政问责机制的启动要在责任事故发生以前，在被问责的经济组织及其领导干部新任职（阶段性责任履行）开始之时，这样对每一位领导干部从任职开始到任职期满，都纳入行政问责的视野。新常态下的行政问责机制，更是一种以考核评价经济组织及其领导干部责任履行是否实现责任目标的问责机制，即行政问责不仅要问报告责任、行为责任和结果责任，也要问报告的虚假与真实责任、行为的合法与非法责任、结果的有效与无效责任。新常态下的行政问责机制，还是一种以经济责任审计为开端的启动机制。经济责任审计的常态化机制为行政问责中责任履行信息生成与责任履行信息应用奠定了基础，责任追究离不开责任履行信息的供应。

新常态下的行政问责机制把原先单一的事后责任追究模式转变为对行政主体行使行政权力的全方位、全过程的监督和制约，使各种利益主体得以充分、流畅地表达和博弈，使个体目标和整体目标得以整合和兼容，保障行政监督主体在行使问责权时有章可循、有规可依。行政问责不应仅仅是政府问责，也包括人大问责、媒体问责、公民问责；行政问责不应仅仅从道义方面问责，也应从法律制度等方面问责。新常态要求行政问责制度化，首先，要建立经常性问责机制，将经常性的问责与突发事件问责有机结合，把突发性事件问责纳入经常性问责过程之中；其次，建立经常性的问责检查、考核、评价制度，由审计部门通过对所有承担受托责任的领导干部和行政人员实行定期责任审计，对日常性的经济责任履行情况做出客观公正的评价；再次，建立完善公民举报、媒体调查制度，由审计会同纪检、监察、组织部门专门搜集或接受公民举报、媒体调查信息，将审计部门自查信息与公民举报信息和媒体调查信息综合整理，并界定相关责任人的直接责任、主管责任、领导责任；最后，建立完善行政责任奖励处罚制度，制定严格的责任奖励、处罚标准，根据经济责任审计评价和相关责任人的责任界定信息,由纪检、监察或组织部门按照统一的标准实施奖励或处罚,应严厉禁止有责不究、有法不依、有案不交的现象,对于处罚不力导致重大责任人逍遥法外或异地高升的情况,要严厉追究纪检、监察、组织部门或其他相关责任人的行政、刑事责任。

三、经济责任审计在行政问责中的定位

根据行政问责的常态化机制要求,给出行政问责的定义是:行政问责制是指以经济组织自律性问责为基础,国家权力机关、党政领导机关以及公民以国家行政权力授权者和国家与地方行政、经济事务管理者的身份,向其管辖的对其直接承担授权或分权责任的本级或下级党政机关、司法机关、社会公共机构、国有或国有控股企业等经济组织相关责任人经济责任履行情况,依据国家法律、法规和制度规范进行检查、考核、评价、奖励、处罚等一系列责任追究活动的规范性制度安排。这一定义清楚地描述了经济责任审计与行政问责制的关系,从中也可准确地判断经济责任审计在问责机制中的定位。

常态化行政问责机制的运行是一个过程,从启动问责到责任的处理需要经过问题发现和问题处理两个环节。在现行行政问责机制下,行政问责的前一个环节是问题的发现,其责任问题随着责任事故的出现而被发现,然后围绕着责任事故的原因、危害程度、责任人及责任性质进行调查,从中获取更多的“发现”。这种围绕着责任事故的发现方式,不仅是一种被动发现方式,而且在责任发现范围上也受到限制,只能发现与责任事故相关的责任履行情况,不能发现责任事故单位全面的责任履行情况。由于紧紧围绕着责任事故原因和后果的调查,调查者只关注责任履行的“负面”情况,却较少关注责任履行的正面情况。行政问责的后一个环节是问题处理,责任事故的问题处理只能注重“负面”责任的处理,无法对履行行政责任好的经验进行总结和奖励。因此,现行的行政问责机制是非常态化的。建立常态化的行政问责机制,必须将经济责任审计纳入行政问责机制之中,经济责任审计是对经济组织领导干部受托经济责任履行情况常态化的“发现”手段。行政部门在履行责任过程中,责任履行得好,其责任事故发生的概率小,并不意味着不发生责任事故;行政责任履行得不好,其责任事故发生的概率大,这也并不意味着在某一时间段内一定会发生责任事故。行政问责应将注意力放在行政责任履行得好坏上,而不应该将主要关注点放在责任事故上。发现行政责任履行得好与坏,需要经济责任审计的提前介入和责任履行过程的跟踪审计。通过经济责任审计对行政部门责任履行的全面评价,为问题处理环节提供其责任履行的全面性、完整性、系统性信息,对责任履行得好的单位及其

领导干部进行奖励,责任履行得不好的单位及其领导干部进行处罚。由此可见,常态化的行政问责机制中,经济责任审计的定位是:行政责任履行情况的"发现"环节,这与经济责任审计的为监督问责服务提供"信息系统"的本质特征相符。以经济责任审计为切入点推进行政问责制建设具有独特优势,通过经济责任审计的提前介入,启动行政问责程序,将行政问责由被动问责推向主动问责,由事后应急型问责推向事前的防御型问责,由非常态化问责推向常态化问责。经济责任审计与行政问责,形成了机制互补关系。经济责任审计在行政问责机制中的责任"发现"环节的定位,体现在以下方面:

（一）经济责任审计是启动行政问责的重要基础

要实施行政问责,首先必须对政府的行政行为进行监督并予以责任界定,这是启动行政问责的基础。先界定责任然后才能追究责任。经济责任审计作为一种法定的、常规执行的审计制度,它将"对人"和"对事"的监督有效结合在一起,从健全权力制约和监督机制的高度,对党政领导干部应负的责任进行问责问效,突出对领导干部的履职行为进行评价,界定领导干部任职期间直接或间接导致经济后果等行为应负的责任,从制度上保证了行政问责制的启动和实施,有利于推动行政问责制步入常态化运行轨道。但经济责任审计是依据组织部门的委托开展的,其实施并不必然导致问责的启动,大部分经济责任审计项目是在未预知"存在过失"的情况下开展的。可见,审计监督并不是以追究责任为目的的,只有当被审计单位或个人存在过失时,审计机关通过移送案件、建议给予处分等形式,促进被审计单位或个人的责任得到追究和落实,才会导致行政问责的启动。

（二）经济责任审计推动行政问责制度的制定与完善

经济责任审计将问责扩展到经济领域,使行政问责范围更加全面。同时绩效审计的理念和方法将政府和领导经济工作的绩效,尤其是经济决策的绩效和经济管理责任纳入行政问责的视野,使行政问责的标准更科学、更规范。行政问责制的目的是要督促行政部门及行政人员履行相应的责任,保证公共权力的正确行使。而经济责任审计通过对经济管理政策法规、措施手段的实施情况进行调查研究和分析判断,评价党政领导干部的执行力,了解政策、措施的实现程度,发现影响政策落实的制约因素,从而推动更科学的制度出台。经济责任审计往往发现,有些普遍性的违规和效率低下的问题是由于制度和体制上的缺陷造成的,问责最终须问到制度和体制上。只有制度健全了,体制完善了,行政部门和行政人员履责不到位的"土壤"才能消失,才能从根本上解决责任履行不到位的问题。

（三）经济责任审计促进行政问责制度的充分执行

行政问责制本质上是对不履行或不恰当履行责任的行为进行责任追究和对责任履行情况进行监督。经济责任审计的一个重要目的就是对党政领导干部履行经济责任的情况进行评价和责任界定，这与行政问责的本质是完全切合的。而且经济责任审计过程就是对党政领导干部经济职责的履行情况和履行效果进行检验，审查是否有需要进行责任追究的情形，从这个层面上，审计过程即是一次全面的"问责"过程，只不过这种"问责"的结果不一定体现为给予党纪政纪处分，这正好可以改变以往只对重大事故或具体过错"问责"，忽视对其他失职、不作为、无作为、作为不力、效能低下等行为进行追究的现象。审计内容的全面性有利于及时发现一些倾向性和苗头性的问题，减少甚至遏制重大事故的发生，从而促进行政问责制的常态化，促进将事后的追究与日常的科学管理结合起来，促进已出台的行政问责政策、措施、制度执行到位。

（四）经济责任审计推动行政问责工作机制的构建

通过经济责任审计，使不履行或不恰当履行责任的行为得到追究和纠正，促使领导干部增强责任意识，提高严格依法行政、全面履行职责的自觉性。按照权责一致的原则评估领导干部的经济责任，可以改变党政领导干部"有权无责"的状态，能够有效地查明和纠正当地政府及相关部门财政收支及其他相关经济活动中的违规违纪问题，帮助相关单位和部门建立健全问责工作机制，规范经济秩序，提高管理水平。经济责任审计三级联席会议制度，使行政问责制度得以顺畅运行。经济责任审计项目计划形成机制是指，组织部门根据经济社会发展对干部管理监督的需要，及时提出年度审计项目计划初步建议，并征求审计机关的意见，审计机关按照审计工作领导体制向行政首长报告并向组织部门反馈意见，最后由组织部门按照规定程序向审计机关下达正式计划建议书，为行政问责提供了依据。经济责任审计中的审计工作配合机制，使经济责任审计工作相关部门的配合逐步加强，包括干部监督信息的共享、有关部门共同召开审计进点会、组织部门派人参加审计实施过程、有关部门共同利用审计结果等，加强了对政府部门和行政人员的问责。

（五）经济责任审计促进行政责任的全面落实

我国审计法等有关法律明确规定了国家审计机关的行政处罚权权限，国务院颁布的《财政违法行为处罚处分条例》也进一步规定国家审计机关及其派出机构有权依法对财政违法行为做出处理处罚的决定。这种权力结合审计活动自身强大的信息披露功能,必然会使审计部门在行政问责制的建设过程中扮演着无可替代且举足轻重的角色。审计部门还可把检查监督的结果以"审计结果公告"的形式向全社会公开,在群众监督和舆论监督的共同作用下,最大限度地促进行政责任的落实。

第四节　网络时代背景下的"大审计"协同机制

一、"大审计"协同机制的内涵

我国于 1982 年建立了以审计为代表的隶属于国家行政系统以内的"行政型"国家经济监督体系,实行的是审计、监察、纪检并行而分离的经济监督体制。实践证明,这种监督体制存在着重大缺陷:监督部门功能交叉重叠,浪费监督资源;监督部门"权力弱势",制约监督效率;监督系统"封闭",缺乏公民参与机制;监督信息"不对称",缺乏动力机制等。我国现行监督体制的种种弊端的根源是国家经济监督系统是一种封闭的缺乏独立公民参与的内部人监督系统。改革我国现行国家经济监督体制是克服政府监督机制中弊端的当务之急。"大审计制"国家经济监督系统的建立和完善,是克服现行国家经济监督体制弊端的有效途径。

西方主要发达国家在构建具有民主特色的独立国家经济监督系统方面,积累了丰富的经验。关于国家经济监督体系的研究,国外专家主要围绕着民主政治体制下构建以议会监督为代表的民主监督为主导、以审计专业监督为主体的独立的国家经济监督体系而展开。在西方民主政治体制下,主要发达国家构建了包括议会监督和审计监督的"立法型""司法型""独立型"等类型国家经济监督模式。

所谓"大审计"协同机制是指在不改变国家现行监督部门机构建制和保留现有监督部门功能优势的前提下,根据功能整合的原则对现有监督部门,包括审计、监察、纪检等部门的功能调整,组建"国家经济监督协调委员会"(如现行的经济责任审计联席会议制度),审计署改为审计信息署,履行国家经济监督信息生产职能;监察部改为审计监察署,履行国家经济监督信息应用职能(纪检委不改变职能,但要打通其监督信息来源、应用渠道)。

国家经济监督协调委员会是一个专门协调管理国家经济监督部门的机构,这个机构隶属于国务院,由一名副总理或国务委员担任该机构的专职主席,审计部门、监察部门、纪检部门等相关部门主要负责人(兼职)和若干人大代表(专职代表兼任)担任领导班子成员,配备少量的工作部门(将审计、监察部门的法制司,监察部驻审计署检查局,监察部纠风室等划入)和人员。其主要职能是:①协调审计、监察、纪检及相关部门等监督系统内在关系;②代表国务院对审计、监察部门实行目标管理,作为监督系统的决策部门负责制定国家经济监督政策制度、国家经济监督中长期规划和工作目标;③协调国家经济监督部门与国务院各部委的关系;④协调国家监督部门与人大常委会的关系。

"审计信息署"是履行"监督信息生产"职责和功能的部门。在机构设置上,除了将原审计署法制司和监察部驻审计署监察局划归"国家经济监督协调委员会",原监察部"信访室"调入审计信息署以外,其他部门均根据审计署职能转换的需要在内部进行小幅整合与调整。"审计信息署"仍属于正部级单位,其功能主要是根据国家经济监督的需求,负责"监督信息生产"。监督信息生产过程包括监督信息输入、监督信息处理、监督信息输出三个环节。

"审计监察署"是履行"监督信息应用"职责和功能的部门。在机构设置上,除了将原监察部"信访室"调入审计信息署以外,其他部门均根据监察部职能转换的需要在内部进行小幅整合与调整。"审计监察署"仍属于正部级单位,其功能主要是根据国家经济监督的需求,负责"监督信息应用"。监督信息应用过程包括法规问责信息应用、绩效问责信息应用、司法问责信息应用三个部分。

二、"大审计"协同机制的动力机制

"大审计"协同国家经济监督机制建立和形成,是政府行政体制改革的必然产物。在我国社会主义条件下,人民政府的权力来源于人民,政府在配置公共资源的执政过程中必须体现"执政为民"的价值理念,在充分发扬社会主义民主的基础上,努力将其打造成一个廉洁、透明、公平、高效的执政系统。

广泛吸纳社会公众参与对政府执政权力运行的民主监督,是"大审计"制监督系统的动力来源,通过在"大审计"国家经济监督系统中合理调整审计、监察、纪检部门的权责结构,搭建民主监督的信息平台,是满足社会公众对政府资源配置决策、执行的参与权、知情权的需要,也是满足社会公众参与监督的需要。

(一)监督需求的拉动力

"大审计"制是为了满足社会公众参与监督,促使政府执政廉洁、透明、公平、高效而建立的,这一目的为国家经济监督系统提出了明确的要求和目标。

政府"处罚问责"的内容包括"法规问责""绩效问责"和"犯罪问责"。"法规问责"是指对政府执政行为中违反党的纪律和国家法律、法规、制度、规定的行为,尚达不到经济犯罪责任的追究，包括经济处罚和行政处罚手段。"绩效问责"是指对政府执政行为中并没有严重违反国家法律、法规和经济犯罪行为，由于责任人"不作为""乱作为"给国家造成损失或没有达到绩效目标行为责任的追究，也适用经济处罚和行政处罚手段。"犯罪问责"是指对政府执政行为中重大经济犯罪行为责任的追究，适用刑事诉讼和处罚手段。

国家对"大审计"监督系统的问责需求实质上是社会公众对政府监督的需求。在"问责处罚"过程中增添人大代表参与及将处理结果向社会公示，无形中给专施"监督信息应用"职能的"审计监察"部门带来了压力，使监督部门的"问责处罚"不能也不敢"不作为""乱作为"。这种压力就是对国家经济监督系统的监督拉动力。

（二）信息需求的牵引力

"大审计"协同国家经济监督机制包括"监督信息生产"和"监督信息应用"两大系统。专施"监督信息应用"职能的"审计监察"部门要想对政府执政过程实施"问责处罚"，就必须掌握政府执政——国家公共资源配置决策和执行过程中违法违纪、经济犯罪的事实和证据，了解其决策和执行绩效目标的实现情况，即实现监督部门与决策、执行部门的信息对称，这种手段可称之为"评价问责"，是国家经济监督的"信息手段"。通过评价问责，使政府执政过程中的信息弄虚作假、资源配置违法违纪及其绩效实现水平等问题得到揭示，为"处罚问责"提供可靠的证据，并通过信息公开，使政府执政过程与水平暴露在"阳光"之下。

实现监督部门与决策、执行部门的"信息对称"，必须通过专施"监督信息生产"的"审计信息"部门及时提供系统、完整、可靠的监督信息。基于"审计监察"部门的"法规问责""绩效问责""犯罪问责"信息的需求，"监督信息生产"部门必须在信息的覆盖范围、涉及内容、领域性质等方面满足"处罚问责"的需求。为了实现这一需求，"监督信息生产"部门信息采集范围必须扩展，即将现行的信息采集范围由财政财务收支活动扩展到包括财政财务管理活动、实物资产管理活动、人力资源管理活动、业务经营管理活动的全资源配置活动范围。信息的采集和处理内容必须延伸，即从单纯财政财务管理活动的合法合规信息延伸至政府决策、执行信息真实可靠信息，决策、执行活动合法合规信息，决策、执行过程和结果的经济性、效率性、效果性信息。信息涉及的领域必须拓宽，既要涉及经济管理领域，也要涉及行政管理领域，因为在政府对社会公共资源配置过程中，决策和执行过程中往往是经济、行政手段交叉并用的，特别是在市场经济制度不完善的情况下，经济、行政手段运用不规范，难以分清哪些属于经济行为结果，哪些属于行政行为结果，更需要通过全方位采集监督信息,实现监督信息的完整性。以满足"审计监察"部门"处罚问责"需要。

　　"审计监察"部门对"审计信息"部门提交"处罚问责"信息需求,实质上是"监督信息应用"对"监督信息生产"的需求。监督信息生产部门在信息整合处理过程中,必须按照监督信息应用环节信息需求口径提交信息,不得自行缩小审计检查范围,擅自降低信息质量,同时,发布的信息必须经得起社会各界质疑。这些无形中给专施"监督信息生产"职能的"审计信息"部门带来了压力,使审计信息部门的输出信息方式、内容更加规范、完整、可靠,这种监督信息应用的刚性需求,无疑是对监督信息生产的一种牵引力。

　　(三)公民参与的推动力

　　在"大审计"协同机制搭建的"监督信息生产"和"监督信息应用"平台上和制度设计中,每一个环节都必须有民众参与监督的途径和方式,在整个监督过程中必须突出"民主监督"形式和内容。公民参与监督最主要的方式是在监督信息的输入环节,通过扩大信息的来源渠道,吸收社会各界提供的信息参与监督;在监督信息的输出环节,通过扩大信息公开范围,吸收人大代表和其他民意代表对评价信息质询参与监督;在监督信息应用环节,通过广泛征求民众意见,提出"处罚问责"方案,公示问责结果,吸收社会民众力量参与监督。这种手段可称之为"民主问责",是国家经济监督的"过程手段"。通过民主问责,疏通民间与政府及其监督部门的信息渠道和构建社会公众参与监督的"舞台"。

　　扩大监督信息的来源渠道主要是指在监督信息的输入阶段即信息采集阶段,改变传统的只通过"常规检查"从被审计单位搜集证据的单一手段采集信息的做法,将信息采集方法和渠道拓宽。拓宽后的信息采集方法和渠道是:汇总采集 —— 建立专门公共信息采集部门,从公共媒体、网络平台、群众信访、公众投诉、举报电话等相关资料中搜集政府及其相关部门决策执行中有关问题的线索、证据和公众评价意见和建议,并对相关资料进行分类汇总整理作为重要的输入信息。检查采集 —— 建立单位信息采集部门,派出审计组深入被审计单位,对被审计单位提供的会计资料、管理资料、决策计划方案、预决算资料、会议资料、制度章程等相关资料进行常规检查,并作为主流输入信息。调查采集 —— 建立专项信息采集部门,派出专项审计调查组,制定和发出单位、行业综合情况调查表、社会调查问卷、专门问题调查表,如干部财产申报表,干部任职方案、计划,干部述职报告表等,并对采集的信息加工整理作为主要输入信息。通过采取多手段、多渠道的复合信息采集方法,不仅可以广泛收集民意和社会信息,也可以保证信息的全面性。扩大信息公开范围,是指在审计信息部门将采集的信息验证、整合、评价以后，在向审计监察部门发出审计报告的信息输出环节，邀请部分人大代表、政协委员及其他民意代表参与审计听证会或其他的方式，就审计信息部门对决策、执行部门信息的真实可靠性，资源配置活动的合法合规性、资源配置过程和结果的适当性、有效性等评价信息进行质询。从而达到扩大信息公开范围的目的。广泛征求民众意见，是指在监督信息应用环节，审计监察部门根据审计信息部门提供的对决策、执行部门及相关责任人的评价意见提出"处罚问责"方案时，接受人大代表和政协委员质询，对"处罚问责"方案及其处罚结果向社会公告，在此过程中广泛征求民众意见。

公民广泛参与监督信息的输入，在监督信息采集方式和内容上充分反映民意，吸收人大代表和政协委员提出的评价质询和问责质询，在监督程序上注入民主元素，问责处罚结果向社会公开，在监督手段上体现民众要求，不仅强化了对政府及其决策、执行部门的监督，也是对监督部门的"再监督"。这种连环式的民主监督机制无疑是对监督过程的推动力。

（四）内部制衡的互动力

"大审计"协同国家经济监督机制在注入民主监督元素的基础上采取将监督系统分为监督信息生产和监督信息应用两大分支系统的功能结构设计，从而在监督系统内部形成了两大系统相互协调、相互制衡、相互推动的互动局面。

注入民主监督元素，是促进监督目标实现的原动力，在民众广泛参与监督的外围压力下，监督系统的内在动力被激活。监督信息生产部门必须按照"处罚问责"的信息需求范围采集信息，按照"处罚问责"的信息需求结构和内容整合处理信息，按照"处罚问责"的信息需求质量标准输出信息。否则，将给监督信息使用部门的"问责处罚"造成重大影响，甚至致使"处罚问责"无法正常开展，难以达到监督目标要求，无法向公众提交一份满意的答卷。为了避免这种情况的发生，监督信息使用部门势必向监督信息生产部门施加压力，促使监督信息生产部门按照规范向其提交符合问责要求的监督信息。反过来，监督信息生产部门保质保量向监督信息应用部门提交监督信息后，监督信息应用部门也必须不折不扣地将监督信息充分合理利用；当监督信息没有被充分合理利用，监督信息应用部门将"问责处罚"结果向社会公开和向审计信息部门反馈后，公众首当其冲质疑的是监督信息生产部门的工作质量。在这种情况下，审计信息生产部门会想尽办法促进监督信息应用部门充分合理应用信息，以保证监督的有效性。可见，监督系统的内部协调、制衡是监督系统互动力。

三、"大审计"协同机制的构建基础及特征

"大审计"国家经济监督机制概念的提出是在我国政府行政体制改革,建立"大部门体制"政府行政管理体制,实行决策、执行、监督三权协调分离的大背景下提出来的。政府"大部制"改革,不仅需要规范决策、执行部门的职责权限,也必须规范强化监督部门的职责权限;同时也对监督部门提出了更高的要求。这一背景是"大审计"制国家经济监督系统的构建实践和理论基础。政府"大部制"改革前提下的"大审计"协同国家经济监督机制也应当体现出与之相适应的基本特征。

(一)"大审计"协同机制的构建基础

"大部制"改革的实质是国家行政授权机制和政府内部控制体制的改革和完善。在"三权分离"的政府治理模式下,通过国家"初次授权",将国家行政权授予不同的权力主体行使。在我国人民代表大会制度下,通过人大代表的选举和召开人民代表大会的方式将国家立法权、司法权、立法和行政监督权授予了人民代表大会常务委员会,将国家行政权授予了以国务院为代表的各级政府。国务院及其各级政府通过建立若干政府部门并赋予一定的职责权限,将国家行政权授予各政府部门行使。这是国家行政权力的"二次授权",也称二次分权。我国国家行政体制改革,将国家行政权力按决策权、执行权、监督权分离的模式进行体制改革,实质上是国家行政权力"二次授权"的改革。这种改革主要是国家经济资源配置权力的实施和监督权力的改革。

在传统授权体制下,国家行政授权是一种"集权"模式,中央及地方政府将行政权力按"条条"机械切割授予给各个部门,政府集中控制决策权和执行管理权,难以形成政府与部门的内部制衡机制。实行"大部制"改革,国家行政授权是一种"分权"模式,中央及地方政府将国家行政权分为决策权、执行权、监督权,分别授予专门的政府部门,政府对上述"三权"进行统一布局协调,分类指导管理,有利于形成清晰的权力结构,在政府和部门间建立有效的内部制约控制机制。

在"大部制"体制下,决策部门掌控国家经济资源的配置决策权,执行部门掌控国家经济资源配置执行权,监督部门掌控国家经济资源配置监督权。在这种"三权分离"条件下,决策部门、执行部门和监督部门之间建立起了国家行政系统内在的制衡关系。但是这种制衡关系必须在权力三方制衡力量平衡时才能更加有效。一个不可否认的事实是:决策部门、执行部门的"权力强势"和监督部门的"权力弱势"打破了这种平衡,使得这种权力制衡难以奏效。

现行决策部门、执行部门的"权力强势"，主要是因为决策部门、执行部门掌控着国家经济资源的直接配置权，并且有着庞大的行动支持系统和信息支持系统。我国国家监督系统的"权力弱势"，除了因为不掌控国家经济资源的直接配置权这种"天然"因素外，还有监督系统先天不足等原因。在组织设计上缺乏系统的结构权衡，审计部门、监察部门、纪检部门相互"割据"，难以形成统一的行动步调、集中的权力优势。在制度安排上缺乏合理的权责配置，审计、监察、纪检职能交叉重叠，对决策、执行、监督留有较大的监督"真空"和权力漏洞。在机制运筹上，缺乏广泛而有力的监督信息支持系统，审计、监察、纪检定位不准，监督部门内部难以形成相互衔接的监督实施、支持系统等。只有通过组织机构调整、优化权责配置、完善信息支持系统的途径，重构国家经济监督系统，才能将国家经济监督系统打造成一个"权力强势"的制衡系统。"大审计制"国家经济监督系统的改革，就是出于优化监督系统的功能，构建"权力强势"的监督系统，以实现决策部门、执行部门、监督部门力量平衡的动机而进行的。

（二）"大审计"协同机制的特色

"大审计"协同国家经济监督机制是一个以监督信息系统循环为主体的权力制衡系统，这一概念是在分析国内外政府经济监督理论和实践经验总结的基础上提出的，建立和完善"大审计"制国家经济监督系统的思路和方案，是在总结现行监督体制利弊的基础上，运用现代政治学、经济学、管理学及审计学、系统论、信息论等基本原理，吸收现代民主政治思想营养的前提下完成的，表现出与其他相关监督体系不同的特色。

第一，在理论上，以控制论的视角分析我国政府治理中的主要矛盾，提出了通过强化监督权力来实现权力平衡的观点。以系统论的理念探索我国监督权力弱化的根本原因，提出了强化监督权力必须对监督部门进行系统化的调整，构建开放透明的国家经济监督系统的观点。以信息论的思维探索我国监督系统动力不足的主要根源，提出了构建积极主动的国家经济监督系统必须从构建开放透明的监督信息系统入手的观点。这些观点给"大审计"制国家经济监督系统构建奠定了坚实的理论基础，同时也反映了"大审计"制国家经济监督系统理论创新的特色。

第二，在体制上，"大审计"制国家经济监督系统是在充分研究国内外政府治理模式基础上设计的适合中国特色社会主义民主政治体制要求的国家经济监督体制。通过将审计部门、监察部门、纪检部门的功能进行调整和整合，构建权责明确、功能完整、内外信息对称、开放透明、动力充分而高效的主动型国家经济监督系统，提出国家经济监督体制改革的整体构想，推出一套具有实践意义的监督体制改革方案，突出显示了具有中国特色的民主监督特征。

第三，在技术上，在构建监督信息系统方面有较大突破，改变传统审计部门和监察部门的信息采集、处理、报告方式、结构和流程，引入现代化信息技术，建立新型的数据化监督信息模型，构建以"审计报表"为主导的监督信息平台，实现监督信息的系统化、数据化和可验证性。

第七章

网络金融审计风险与审计信息系统构建

第一节　网络金融审计技术与审计实施方法

一、网络金融审计的主要应用技术

网络金融审计具有明显的大数据特征,实施网络金融审计离不开大数据,而审计数据的获取则需要相关技术的支持。除关联的外部数据库外,网络金融审计数据还需要从网络上进行相关信息挖掘,以获取重要的关键信息和辅助信息。

网络上的信息是以超文本方式存在和流转的。对于网络信息的数据挖掘,其实质是通过各种转换,将非结构化文本数据转换为结构化的数值数据,然后利用已成熟的结构化数据挖掘方法进行深入分析。主要使用的技术方法有:OLAP 与审计智能化技术、大数据处理和挖掘技术、数据可视化技术。

(一)OLAP与审计智能化技术

OLAP 的目标是满足决策支持或多维环境特定的复杂查询和多视角报表需求,其技术核心是"维",故 OLAP 也可视为多维数据分析工具的集合。

联机分析处理是一种能够满足针对特定问题的联机数据访问和数据快速分析的软件技术,联机分析技术的实现是在多维信息共享的基础上,通过对信息和数据进行多视角实施快速、稳定和交互性的存取,并允许管理决策人员对数据进行深入分析。OLAP 支持复杂的分析操作,具有灵活、快速的分析功能,具有直观的数据操作和可视化分析结果等突出优点,侧重于对决策人员和高层管理人员提供多维数据的、高效的决策支持。OLAP 可用于证实预设的复杂假设,以图表形式对分析信息结果进行展示,但并不标注异常信息,属于知识证实的方法。

应基于银行业数据大集中,以及构建数据库、OLAP 分析和数据挖掘技术的发展与应用状态,构建审计决策支持系统的解决方案。将 OLAP 技术应用于银行不良贷款问题的审计方面，即基于银行贷款数据库，利用该 OLAP 对贷款数据库进行贷款质量、贷款利息收入、贷款指标等多维度的分析，寻找出审计要点。

智能审计是智能技术与财务审计的有机结合，是计算机审计的发展方向。随着网络技术的创新及 OLAP 技术在审计中的应用，现代审计信息系统的构建逐渐向智能化方向发展，而智能化审计的基础和重点是审计数据的处理与信息提取。学术界和审计专业人员针对审计的智能化方向和审计数据挖掘技术进行了持续研究，并提出了诸多建议和技术方法。

智能审计的智能主要体现在：除会计信息系统的科目编码、期初余额和记账凭证三大类基础数据外，还需结合社会对账系统和网上估价系统的数据，来共同实现对内外审计数据的深度数据挖掘，从而确保审计数据的全面性和完整性，进而大幅度提升信息化的效率和效果。导入智能审计模式是应用于 CPA 财务报表审计的一种信息化审计模式。

智能审计决策系统（IADSS）通常可称为智能审计系统，是在传统 ADSS 系统的基础上结合审计专家系统（AES）和数据挖掘系统（DMS）而形成的软件系统。三个系统的结合，可以相互弥补审计系统的智能性差、模型自我学习能力不足和变量解释性差等问题，进而有效提升了审计系统的智能性。智能审计是利用各种数据分析方法对审计数据进行充分利用、充分挖掘的方法，其目的是获取更多相关的审计线索和审计证据，及时纠正审计导向和发现异常信息。借助智能审计技术，可以部分代替人工审计作业，降低审计工作强度。

智能审计路径的概念是指，针对审计人员所面临的审计业务的复杂性和处理的复杂性分析，在审计信息系统中基于成熟的审计专业经验，预设出相关审计路径，模拟人工智能经验，以程序和模型的形式固定下来，明确审计的每一步流程、算法、指标和评分机制，并向审计人员提交审计成果的经验和导航方向，最终实现审计路径的流程智能化、数据智能化和数据标准智能化，从而大幅提升审计人员的工作效率。

在审计平台系统的构建研究方面，基于风险管理的智能审计系统架构主要是基于审计理论、风险管理、计算机科学等方面的理论和技术，通过整合数据挖掘的数据分析功能，审计决策支持系统的辅助决策能力和审计专家系统的非结构性问题的解决能力等多种技术和知识的整合，对财务、审计及计算机等多学科进行综合应用。智能审计系统是一种交叉学科的整合创新。审计平台是信息安全管理工作的基础运维平台，随着公司业务系统的不断增多、业务逻辑日益复杂，各类审计数据呈几何级别的增长，传统的审计平台在面对大数据时已经无法满足审计要求，应采用大数据分析技术,选择 Solr(企业级搜索应用服务器)和 Hadoop(基于大数据分布式服务)技术重构传统的审计平台,从技术框架对审计平台进行优化,解决因审计访问量剧增、审计日志基数过大导致审计报表分析导出过慢等问题,从而提高审计日志搜索性能、加快审计报表的快速生成和减轻数据库的运行压力,进而有效地提升审计工作效率。

综上所述,智能审计模式产生于信息化下的审计环境,是基于审计目标的实现而采用的一种信息化审计模式。其核心要素包括审计软件、内外数据的导入、社会对账(评估系统),通过应用数据挖掘技术、OLAP 技术,形成抽象化、典型化的理论图式或审计模型,从而有效地提升审计效率和实现全局审计、详细审计、持续审计。另外,现有商业银行均已构建了自身的数据库,实现了金融数据的大集中管理,形成了数据集成平台,为金融审计系统的智能化构建提供了重要基础。

(二)审计大数据采集、处理与挖掘技术

1. 大数据类型与存储

传统的数据主要指基于数字或文字描述的内容,也称之为结构化数据。网络时代和大数据时代则出现了大量新型数据,例如非结构化和半结构化数据、海量数据存储、数据挖掘、图像视频智能分析等新型数据类型,以及社交关系网络、计算机地址数据、移动终端信号等,成为大数据的重要构成部分。多数大数据之间具有极为复杂的非线性、网络化、多向性的关联性,从而形成了大数据网。对这些多维、复杂性数据的采集、处理和挖掘,也是现代大数据挖掘的重要研究课题。

对于网页内容、电子邮件、网站论坛及贴吧、社交软件聊天记录等非结构化数据及文本信息,主要使用自然语言处理(NLP)、计算机学科进行处理;而对于图像、语音、初步等多媒体类非结构化数据,则主要使用深度学习、大规模计算机学习等相关技术进行数据解读。

数据存储模式方面,正在由传统的关系数据库模式向云化、分布式的新型存储技术发展。目前,主要以分布式文件系统 GFS(Google File System)为底层架构,Bigtable 则为 GFS 存储各类结构化数据;为便于管理,每个 Bigtable 根据规则进行分割,分割后的数据形成 Tablets,从而可实现良好的机器负载均衡,每个 Tablet 是一个多维稀疏图,每个机器能存储 100 个左右的 Tablets。新型存储技术的作用与价值是可以实现自动调配上万台服务器的协同工作,从而实现高性能、高可靠的数据存储任务,为大数据的挖掘和应用创造了坚实基础。

对于大数据的处理,通常包括大数据采集、数据预处理与转换、数据统计与分析、

知识挖掘和结果展现等五个节点，每个节点都需要依托不同的技术工具，是一个极为复杂的过程。

2.大数据采集与获取

大数据技术已然使用于现代审计中。审计大数据的采集，要求实现与审计客体、审计对象相关的全量数据采集，采集方式应以自动化采集为主，并注重数据之间的关联关系和映射关系。从类型而言，除结构化数据外，审计大数据还应涵盖机构组织及个人的社交关系数据、个人行为数据、通信数据、网络行为数据、舆情数据等。数据采集方式除了传统的计算机系统采集、数据库采集方式外，还可使用 SDK（Software Development Kit）、网络爬虫等软件采集移动终端、网络中的非结构化的网络信息、图片信息、音频影像信息等信息。

大数据的采集是指利用多个数据库来接收发自多个不同客户端（WEB、APP 或传感器形式等）的数据，并且用户可以通过这些数据库来进行简单的查询和处理工作。大数据的采集和获取技术难点主要有：①需要有针对海量、异构数据库系统的支撑能力，解决异构系统间的联系和相互协调；②如何进行数据库间的负载均衡和分片，以及如何部署合理量级的数据库，应对海量的并发访问压力；③大数据的获取并非均能通过计算机自动获取，同样需要大量的人工进行数据发现、数据预分析和数据整理的工作，工作量极大。

3.大数据预处理和存储

大数据预处理和存储是基于大数据的特性、类型、规律，根据数据应用的目的对大数据进行分类、归集、清洗和加工，统一纳入存储系统，为数据应用做好基础数据准备。

其难点主要在于：①需要预处理的数据不但种类复杂，且流量、流速极大，每秒导入量会达到千兆级别；②对于海量数据的存储，需要多种类的数据库，而如何确定纳入不同数据库的分类规则和存储规则，非常复杂；③如何将人的主观经验融入数据处理和模型分析中，实现对模型的智能化训练，具有极强的挑战性。

4.大数据搜索和统计

大数据经过预处理后，会集中导入大型分布式数据库（或分布式存储集群），在此阶段，将利用分布式技术对预处理后的数据进行逻辑层次的查询、分类和汇总，满足主要分析需求。

其难点主要在于：①如何将检索关键字（词）分类和规范化，以满足大数据搜索时能与数据库中的大数据信息准确定位和映射；②在发起检索时，不同分布式计算集群、分布式数据库之间需要进行海量数据的内部筛选、搜索、分类和整合,实现数据抽取、计算效率、路径搜索、信息反馈的最优化方案是非常复杂的。

5. 大数据挖掘与知识挖掘

目前,业界最主流的大数据挖掘技术是基于 Map-Reduce 原理的 Hadoop。另外,在 Map-Reduce 基础上,一些新的流式计算技术也被国际知名公司和大学提出,如 S4,UC Berkeley 的 Spark,斯坦福大学的 Phoenix 等新技术。数据挖掘技术的专业化发展,为大数据的深度应用奠定了基础。

另外,大数据的知识挖掘是基于不同的应用需求和目的,利用数据挖掘算法对数据库中的已处理数据进行多维度、多层级、立体化的知识与价值提取。

其难点主要在于:①知识挖掘过程中应采取哪些更优的算法和规则,有效获取具有真正价值的数据结果;②如何在非定向主题下,应对海量数据的多维度计算,提升数据计算效率和反馈效率。

6. 大数据统计与分析结果展现

数据统计也称为商业智能(BI),是大数据应用的最直接形式。数据统计是指利用各种数据分析方法、分析模型和分析工具,在海量数据中构建模型和寻找数据类型之间、数据点之间、数据网络之间的潜在关系,得出多维度的数据分析结果和报告(如文档、图表、视频等)。数据用户通过分析和观察结果数据、数据报告来探究企业、商业或其他机构的运营状态、营销绩效、风险变动、消费者及客户反应等,以发现主要问题来调整经营重点、运营目标、管理策略等。

随着网络技术、信息科学技术、大数据技术的发展,数据统计应用发展技术也同步发展,数据报告的生成速度越来越快,报告生成的时频也相应缩短,报告分析的维度也越来越细致和复杂化,从而使得大数据统计与分析报告的刻画能力随之增强。

大数据统计与分析报告的展现方式将更为丰富化、多样化,不但可以实现类似着色图、气泡图、网络图、簇形图、时间轴图、柱图、饼图、折线图、雷达图等传统常规图表,还可以实现太阳辐射图、日历热图、弦图等非常规图和个性化图表。另外,大数据分析结果展现还将包括分析结果的智能化组合、图表之间的联动和钻取界面通过拖拽自定义布局,图、表之间支持联动和数据的多维钻取、正向和反向钻取。

7. 可视化技术与数据可视化

大数据分析的目的在于对海量数据进行分布式数据挖掘等专业化处理后,得出具有价值的大数据分析结果。如何清晰、有效地表达数据特点、数据规律、数据发现,为数据使用者提供有高度价值的信息是非常重要的。针对以上问题,可以基于大数据特点、种类、内在规律,运用计算机技术,用计算机生成的图像——数据可视化技术来解决。

可视化技术可以划分为体可视化技术和信息可视化技术。其中,体可视化技术是空间数据的可视化,如科学计算数据、工程数据和测量数据的可视化;信息可视化则是指非空间数据的可视化,其数据显示主要为多维的标题数据,重点在于分析数据的维度和关联关系。数据可视化技术具有可视性、多维性和交互性的特点。

可视化技术不仅可应用于数据挖掘过程,也可以用于数据分析结果。数据可视化可以针对数据库、数据仓库中的数据以可视化方式(如三维立方体、曲线、球面等)进行描述,为数据用户提供清晰的数据入口和切入方向;数据挖掘结果可视化则可以将数据挖掘后得到的结果以可视化形式展现出来(如决策树、关联规则、概化规则等),为数据用户提供明了的数据分析结果。

二、网络金融审计实施流程与实施方法

(一)网络金融审计实施流程

传统意义上的金融审计流程是指审计人员在对审计对象的金融业务、金融服务和金融业务流程的具体审计过程中所采取的行动与步骤。网络金融审计实施流程指审计人员对网络金融参与主体所从事的各网络金融模式及业态中的金融产品、金融服务和金融流程等,采取的审计流程和审计行动。

网络金融审计实施流程包括审计准备、审计实施和审计终结三个阶段,每个阶段又包括相应的子流程以及具体步骤、具体方法。在审计准备阶段,审计主体需要对网络金融参与主体及其业务经营、运营状况、内控及风险管理水平等进行总体性了解。在审计实施阶段,审计主体基于获取审计对象的发展信息、业务数据与供应链数据、运营数据与IT数据、内控信息与风险信息等,采用询问、观察与检查、穿行测试、实质性测试等审计方法对审计对象执行审计程序,搜集相应的审计证据,评估审计对象的总体风险状况,并编写审计报告。在审计收尾阶段,审计主体对各类工作底稿进行汇总,并对审计报告进行修订和确认。

(二)网络金融审计中的线索发现与离群点分析

网络金融审计的实施思路是通过对网络金融机构、网络金融业务与运营、产品与服务的各类海量数据及关联数据进行收集与整理,并在海量的结构化、非结构化和半结构化等类型的电子数据基础之上,分析审计线索与线索特征,并从审计线索特征中寻找离群点和孤立点,从而准确、及时地获取审计证据,使得审计实施实现资源

聚焦和重点发现,提升审计的总体效率和准确度。

在具有显著信息性、风险性和复杂性的网络金融各业务模式中,会产生海量的金融数据及关联数据,从这些数据中提取符合审计条件的有用数据及信息证据,即审计线索特征,这种技术也被称为基于审计中间表的知识发现(KDD)技术。随着审计技术的不断发展和实践,结合网络金融业态和模式的特点,查找和获取海量网络金融非结构化数据中的审计线索特征,将主要使用数据挖掘技术、征兆发现技术、探索性数据分析、非结构化数据处理方法等。

对网络金融海量数据实施审计,发现审计线索特征的步骤如下:

1. 审计线索的特征枚举

即在审计实施前或实施过程中,基于审计经验和专家知识尽可能多地列举出被审计对象可能出现的特征表现及可能情况。

2. 审计线索的特征捕捉

即利用数据库查询技术、技术分析方法、模型算法对电子数据或相关数据的留痕路径、留痕规则、关联关系网络进行回溯追踪。

3. 审计线索的特征分析

即基于审计线索的特征枚举和特征捕捉,对符合特征表现的数据进行异常点、离群点分析。

通过对构建网络金融海量数据的线索特征进行分析后,寻找异于正常数据规律或规则的异常数据 —— 即"孤立点"或"离群点"数据,从而及时发现审计线索、提示审计问题和发现审计证据。离群点形成的原因是多方面的,可能包括人为操作原因、信息造假或欺诈原因、数据采集质量、噪声数据本身、关联性数据偏差或极个性化数据、计算机系统与数据的自身原因等,导致其与其他类别数据的特征不同,或者说和其他数据、数据群的关联性极差,无法构建起有效关联关系和逻辑关系。

由于发现的离群点数据特性不同于其他数据群,故无法使用常规数据处理方法对其进行检测。在审计实践中,可以设计特殊的离群点算法,采取例外挖掘、偏差分析等统计方法或技术对其进行特殊聚类处理与分析。

在网络金融审计中,利用离群点分析方法的具体流程可划分为预处理阶段、孤立点检测阶段和孤立点分析阶段。

在离群点预处理阶段,需要对审计对象与审计范围进行确认,获取和采集被审计数据及关联数据,形成审计源数据;同时,审计主体根据审计事项的特点确定选择相应的审计规则。

在离群点检测阶段,需要利用离群数据分析技术方法,基于审计规则库与离群点规则库对审计源数据进行数据的筛选、清洗,并将初步符合离群数据特征的数据集纳入数据库。

在离群点分析阶段,对已纳入离群数据库的数据集进行再次判定和专业性分析,筛选出真正的离群数据,并对离群数据进行确认和归集,从而发现审计线索和可支持的审计证据。

第二节　网络金融审计风险与审计模式分析

一、审计风险类型与内涵

传统的审计风险内涵指审计对象的会计报表中可能存在重大错报或漏报,审计人员在实施审计后发表不恰当审计意见的可能性。审计风险主要包括固有风险、控制风险和检查风险等,审计风险 = 固有风险 × 控制风险 × 检查风险。

国际审计和鉴证准则委员会(IAASB)对现代审计风险模型进一步描述为,审计风险 = 重大错报风险 × 审计检查风险。其中,审计检查风险指某一账户或交易类别单独或连同其他账户、交易类别产生错误,而未被实质性测试发现的可能性;重大错报风险指财务报表在审计前存在重大错报的可能性。根据系统论理论和战略管理理论,现代风险导向审计重点是评估审计对象总体经营风险所带来的重大错报风险。

二、网络金融审计风险成因

随着我国金融体制的改革和金融机构信息系统的普遍应用,金融审计的思路和方式发生了重大的转变。随着新的审计方法的创新和推进,计算机技术在金融审计过程中被广泛应用。审计监督在宏观经济运行和金融机构内部管理中的作用日渐突出。然而,金融审计的现实风险与潜在风险也随之产生,并引起广泛关注。在总结经验教训的基础上,揭示金融审计风险的表现形式,分析风险产生的原因,研究金融风险的防范对策,对有效地规避金融审计风险、提高审计水平,具有重要的借鉴意义。

金融审计风险指专门实施金融审计的人员在对金融机构审计的过程中,由于业务素质与行为原因导致重要错误或不完全的财务信息及技术过失,发表不恰当的审计意见或做出不正确审计结论的风险。金融审计风险与一般审计风险既有相同之处,也有其独特的表现形式。对具有现代信息技术和金融双重属性的网络金融实施审计时,审计主体机构和审计专业人员面临着巨大的审计风险。

在实施网络金融审计时,除网络金融本身存在的风险外,金融审计本身也会存在相应的风险。故本书将基于网络金融模式及风险的特点,引入风险导向审计的理念,分析网络金融审计模式中审计风险存在的成因、审计风险因素,并提出防范网络金融风险的对应措施,从而为网络金融的规范、健康发展提供保障。

由于网络金融审计具有明显的大数据特性,在实施审计时,网络金融审计风险的成因主要源自审计数据、审计模型、审计规则和审计算法等方面。另外,由于各审计风险成因之间呈非线性的影响作用和叠加作用,故形成了网络金融审计风险成因作用函数。网络金融审计风险主要成因如下所述。

(一)审计数据原因

网络金融审计实施的基础是金融大数据,金融数据源的准确性和及时性将直接影响到审计数据质量。针对审计客体的外部关联性数据,应建立起信息数据及数据库、数据库语言、数据结构、数据字典的标准或规范性标准,降低非规范性的数据噪声;从大数据分析技术角度,克服和降低数据噪声的影响,并举定量和定性,使审计作业实施时能够准确寻找数据信息之间的关联性。

(二)审计模型原因

在网络金融审计模型的硬件和软件配置方面,要充分做好人力资源和技术资源倾斜。审计模型构建过程中,要充分做好对模型稳定性和可靠性的敏感性测试和压力测试;另外,对审计模型所产生的过程数据、结果数据应设计好相应的存储机制,避免因模型的不稳定而出现数据丢失的情况。

(三)审计算法原因

针对大数据之间的映射关系、关联关系、网络关系计算,以及审计模型使用的各类函数算法,应做好不同算法的拟合度比较,寻找出拟合度最优的算法。

(四)审计规则原因

审计规则应包括数据质量规则、数据处理规则、审计预警规则、审计判定规则、审计追踪规则等,审计规则将直接决定审计模型的有用性、审计数据结果的价值性、审计算法的科学性。审计规则的建立,应利用定性方法和定量方法进行合理确定。

三、网络金融审计风险类型

根据"审计风险 = 重大错报风险 + 审计检查风险"的理论,网络金融审计风险模式也分为重大错报风险和审计检查风险。

（一）网络金融审计中的重大错报风险及其防范

由于网络金融生态处于复杂的金融生态环境中,因此会受到生态内部、外部多种风险因素和环境因素的非线性作用。同时,网络金融生态中的金融参与主体高度依赖现代信息技术系统、网络平台运营,并在金融服务、金融产品和金融流程中广泛运用了远程技术、大数据技术、云计算技术等,产生了海量金融数据和信息,使之成为典型的"知识价值型组织"。

网络金融这种新型组织不但具有复杂的金融风险,而且具有现代科技特有的信息系统风险、网络风险、信息安全风险等。而网络金融生态所处的经济环境、金融环境、法规环境、信息技术环境等变化,会直接或间接影响网络金融机构的经营理念、价值理念和经营行为等,这种影响结果会直接体现在其财务报表及运营绩效中,并使得网络金融机构的财务经营报表在被审计前存在重大错报的可能性,即重大错报风险。重大错报风险主要包括虚假财务报表引发的误报风险,以及因有缺陷的会计核算和技术方法、公司治理结构的不当变动、企业战略失败或管理出现重大失误等原因导致的误报风险。

面对重大错报风险的有效防范,审计主体需要及时和充分了解网络金融的相关监管政策,关注建立网络金融机构的公司是否有效构建了内部控制制度,观察其公司治理的适当性、内部控制的合理性、风险管理的覆盖度、金融流程及金融业务的合规性、资金账户的安全性等,从而从总体上把握网络金融机构的风险以及财务报表有可能产生的影响。另外,审计主体可充分利用网络金融机构的内部审计资源及其他评估资料,获取相关审计工作底稿和审计报告,从中获取风险评估的重点和依据、审计证据,从而采取更为合适的测试程序。

（二）网络金融审计中的审计检查风险及其防范

相对于传统金融而言,网络金融还属于新生事物,其业务和业态模式发展具有交叉性、多元化和复杂化的趋势,是金融、计算机、网络技术、人工智能、数理统计、管理学等学科的综合体,具有高度的知识性和创新性,对审计人员的专业性、技术性提出了更高的要求,需要审计人员具有复合审计能力。

在对网络金融实施审计的过程中,因审计人员的审计意识、审计专业水平、审计技能和审计程序方法等存在欠缺或不足,从而未能及时发现审计客体中已存在的问题或错误,导致产生审计检查风险。另外,审计理论、审计依据、审计模式方面的缺陷也会导致审计检查风险。

对于审计人员而言,将现代风险导向审计理论引入网络金融审计中,以风险因素作为切入点,需要不断提升网络金融的知识水平及相关专业能力,采取更为科学、先进的审计模式和方法,从而及时发现风险与问题,将审计检查风险降至可接受的水平。

另外,审计机构可以构建网络金融审计信息中心,提升网络金融审计的自动化、数据化和专业化水平,减少人为原因产生的审计检查风险。另外,需要审计机构根据网络金融不同的业态特点、机构特点来确定对应的、适当的审计程序,安排适合的审计资源进行审计实施,从而达到降低审计风险的目的。

四、基于风险导向模式的网络金融审计

风险导向审计是适应高度风险社会和现代审计发展的必然产物,是现代审计的最新发展。风险导向审计能够促使审计人员更全面地了解审计对象,更为科学合理地确定审计事项的重要性水平,快速制定审计策略和审计目标,确定审计资源的配置方案,运用信息化、数据式的审计风险模型,从而有效提升审计效率。

风险导向审计模式最突出的特点是将审计对象放置于宏观经济网络中,从审计对象所处的经营方式、管理机制和行业环境等方面来进行审计风险的评估。

风险导向审计是在审计实施的过程中,审计人员将风险考虑为审计起点、以风险分析评估为导向,根据量化的风险分析水平确定审计项目的优先次序,依据风险确定审计范围与重点,对审计对象的风险管理、内部控制和治理程序进行综合评价,进而提出建设性意见和建议,协助审计对象实现更为良好的风险管理效果和增值的审计活动。

网络金融处于复杂金融生态中,兼有现代信息技术和金融业的双重特点,其各业态模式不仅面临传统金融业的风险,还有因网络信息技术特性而引发的技术风险、安全风险和虚拟金融服务产生的操作风险、信用风险等。对于网络金融的审计,应基于风险导向性思维,从网络金融企业的资产充足率、资产质量和流动性等风险指标的跟踪监测,网络金融企业财务报表及关联数据审计,以及网络金融行业的信用风险、技术安全风险、消费者权益保护等方面进行综合审计。

总之,风险导向审计具有很多与传统审计模式不同的特性,是网络金融审计的良好工具。以风险导向审计理论作为网络金融审计的重要思路,必将对构建和完善我国网络金融审计体系起到积极和重要的作用。

第三节 网络金融审计信息系统构建思路

一、构建网络金融审计信息系统的必要性

随着我国信息化建设的不断发展，我国积极推进"金审工程"，在审计信息化方面取得了巨大成就，基本确立了审计信息化框架，形成了计算机审计和信息化管理人才体系，大幅提升了审计监督的效能。

近年来，根据我国经济发展和金融改革的需求，政府审计的审计范围在不断扩大，审计内容和审计对象也越来越复杂。目前，审计业务分类包括预算执行、海关审计、税收审计、金融审计、企业审计、社保审计、固定资产投资审计、资源环保审计、外资运用审计、经济责任审计、境外审计等 12 个大项，44 个小项。其中，金融审计包括商业银行审计、证券公司审计、保险公司审计、政策性银行审计、政策性保险公司审计和其他金融机构审计等 6 大类。

在网络金融条件下，传统金融机构经营的金融业务种类将越来越多，其业务难度也越来越复杂，而更多的非金融机构也进入网络金融业态，与传统金融机构形成了新的金融生态。新的网络金融生态主要以信息流、商流、物流和资金流为主。同时，网络金融的机构和业务具有跨界性、交叉性和复杂性。面对网络金融的金融审计具有的大数据特性、信息流特性、动态持续性和自动化特性，传统金融审计主要以审计对象机构属性类型作为审计实施划分的方式将不能满足网络金融审计的要求。

因此为审计机构和审计人员构建具有网络特点和大数据特性的网络金融审计信息系统是非常有必要的。

二、构建网络金融审计信息系统的重要作用

（一）完善金融监管体系、实施动态持续金融风险监管的需要

网络金融是我国新金融生态的重要组成部分，发挥着日益重要的作用。而同时由于传统金融风险和网络风险的非线性叠加，使得网络金融风险成为一种更具有影响力、未知性的新金融风险，这种金融风险属于系统性金融风险。故将网络金融风险纳入金融监管体系和实施金融风险预警，是发挥金融审计综合性优势，提升金融审计宏观性作用的需要。

有效的金融监管，应保持对整个金融体系的动态、预警、连续的监管，保持整个金

融体系的相对稳定。网络金融审计信息系统的构建是对新型金融审计对象实施动态、持续性审计和监测的基础。通过构建金融审计数据库、审计线索与审计路径模式库、审计案例数据库、审计法规数据库、审计方法和技术库、审计预警规则库等，对"四流"进行动态监测，可以对审计对象实现网络金融风险的实时预警和动态监测，有效地提升金融审计的科学性和有效性。

（二）打通金融数据路径、实现全局性金融监管的需要

目前，我国金融业实行"分业经营、分业监管"模式，依不同金融机构的属性和业务属性进行金融审计，而商业银行、证券机构和保险机构各自拥有自身的业务信息系统和风险管理系统，系统架构和数据库结构千差万别，"数据孤岛"现象严重。

通过构建网络金融审计信息系统，可以进一步促进金融审计数据的大集中，打破机构属性和业务属性壁垒，构建跨机构、跨行业、跨地域的"金融审计大数据中心"；可以推进整个新金融生态体系在金融业务系统和风险管理系统接口方面的标准化、规范化，打破各自为政的系统属性和数据属性壁垒。同时，利用标准化的网络金融审计体系实现以"四流"为审计对象的新金融审计模式，以便能够及时发现和快速预警系统性金融风险。

网络金融审计信息系统的构建，将充分发挥金融审计的综合性职能优势，实现对金融业态的全局性监管，有效地提升金融审计对于国家经济和金融的宏观保护性作用。

三、构建网络金融审计信息系统的基础条件

以 AO 系统（现场审计实施系统）和 OA 系统（审计管理系统）为例，作为金审工程应用系统的两个重要组成部分，它们是密不可分的有机的整体。其主要体现在：可以使审计人员充分掌握和有效指挥审计现场作业情况；充分利用 OA 的基础资料；依据审计结果更新相关审计信息和作业资料。

金融审计数据存储平台为实现网络金融审计信息系统的数据要求提供了必要的数据基础。总体而言，我国审计信息化水平和网络化水平的不断提升，已经为构建和应用网络金融审计信息化系统提供了坚实的基础和保障。网络金融作为金融体系的重要组成部分，网络金融审计信息系统也应及早纳入审计信息化建设的日程。

第四节　网络金融审计信息系统框架设计

一、信息系统内涵、功能及其架构设计

（一）信息系统的内涵特点

信息系统是由计算机硬件、网络和通信设备、计算机软件、信息资源、信息用户和规章制度组成的，以处理信息流为目的的人机一体化系统。它是一个由人、计算机及其他外围设备等组成的能进行信息的收集、传递、存储、加工、维护和使用的系统。

信息系统是一门新兴的科学，其主要任务是最大限度地利用现代计算机及网络通信技术加强企业的信息管理，通过对企业拥有的人力、物力、财力、设备、技术等资源的调查了解，及时获取准确的数据，将加工处理并编制成的各种信息资料及时提供给管理人员，以便进行正确的决策，不断提高企业的管理水平和经济效益。企业的计算机网络已成为企业进行技术改造及提高企业管理水平的重要手段。

（二）信息系统的类型划分

从信息系统的发展和系统特点来看，可分为数据处理系统（DPS）、管理信息系统（MIS）、决策支持系统（DSS）、专家系统［人工智能（AI）的一个子集］和办公自动化（OA）五种类型。信息系统主要类型和描述如表7-1所示。

表 7-1   信息系统主要类型和描述

类型名称	简称	信息系统描述
数据处理系统	DPS	数据处理系统指运用计算机处理信息而构成的系统。其主要功能是将输入的数据信息进行加工、整理，计算各种分析指标，变为易于被人们接受的信息形式，并将处理后的信息进行有序储存，随时通过外部设备输给信息使用者。DPS 是一套通用多功能数据处理、数值计算、统计分析和模型建立软件，与目前流行的同类软件比较，具有较强的统计分析能力和数学模型模拟分析功能
管理信息系统	MIS	管理信息系统是一个以人为主导，利用计算机硬件、软件、网络通信设备以及其他办公设备，进行信息的收集、传输、加工、储存、更新和维护，以企业战略竞优、提高效益和效率为目的，支持企业的高层决策、中层控制、基层运作的集成化人机系统 管理信息系统由决策支持系统（DSS）、控制系统（CCS）、办公自动化系统（OA）以及数据库、模型库、方法库、知识库和企业与外界信息交换的接口组成
决策支持系统	DSS	决策支持系统是信息系统应用概念的深化，是在信息系统的基础上发展起来的系统。简单地说，决策支持系统是能参与、支持人的决策过程的一类信息系统。它通过与决策者的一系列人机对话过程，为决策者提供各种可靠方案，检验决策者的要求和设想，从而达到支持决策的目的 决策支持系统一般由交互语言系统、问题系统及数据库、模型库、方法库、知识库管理系统组成。在某些具体的决策支持系统中，也可以没有单独的知识库及其管理系统，但模型库和方法库通常是必需的。由于应用领域和研究方法不同，决策支持系统的结构有多种形式，它强调的是对管理决策的支持，而不是决策的自动化，它所支持的决策可以是任何管理层次上的，如战略级、战术级或执行级的决策
专家系统	AI	专家系统是早期人工智能的一个重要分支，它可以看作一类具有专门知识和经验的计算机智能程序系统，一般采用人工智能中的知识表示和知识推理技术来模拟通常由领域专家才能解决的复杂问题 专家系统＝知识库＋推理机，因此也被称为基于知识的系统。它是一个具有大量的专门知识与经验的程序系统，它应用人工智能技术和计算机技术，专家系统必须具备三要素：掌握专家级知识；模拟专家思维；达到专家级水平
虚拟办公室	OA	虚拟办公室是将现代化办公和计算机网络功能结合起来的一种新型的办公方式。OA 没有统一的定义，凡是在传统的办公室中采用各种新技术、新机器、新设备从事办公业务，均属于办公自动化的领域 通过实现办公自动化，可以优化现有的管理组织结构，调整管理体制，在提高效率的基础上，增加协同办公能力，强化决策的一致性，最后实现提高决策效能的目的

（三）信息系统的基本功能

信息系统应具有输入、存储、处理、输出和控制等五个功能。信息系统基本功能描述如表 7-2 所示。

表 7-2　信息系统基本功能描述

功能名称	功能描述
输入功能	信息系统的输入功能取决于系统所要达到的目的及系统的能力和信息环境的许可
存储功能	存储功能指的是系统存储各种信息资料和数据的能力
处理功能	基于数据仓库技术的联机分析处理（OLAP）和数据挖掘（DM）技术
输出功能	信息系统的各种功能都是为了保证最终实现最佳的输出功能
控制功能	对构成系统的各种信息处理设备进行控制和管理，对整个信息加工、处理、传输、输出等环节通过各种程序进行控制

（四）信息系统的层级结构

国际标准化组织（ISO）在 1979 年提出用于开放系统结构的开放系统互连（OSI）模型，这是一种连接异种计算机的标准体系结构。OSI 参考模型有物理层、数据链路层、网络层、传输层、会话层、表示层和应用层等七层。

单个信息系统存在一般意义的层次模型：物理层、操作系统层、工具层、数据层、功能层、业务层和用户层。一般而言，信息系统的结构模式有集中式结构模式、客户机／服务器（C／S）结构模式和浏览器／服务器（B／S）结构模式等三种。

信息系统一般由基础设施层、资源管理层、业务逻辑层和应用展现层构成。具体层级结构及描述如表 7-3 所示。

表 7-3　信息系统层级结构及描述

层级名称	层级描述
基础设施层	由支持计算机信息系统运行的硬件、系统软件和网络组成
资源管理层	包括各类结构化、半结构化和非结构化的数据信息，以及实现信息采集、存储、传输、存取和管理的各种资源管理系统，主要有数据库管理系统、目录服务系统、内容管理系统等
业务逻辑层	由实现各种业务功能、流程、规则、策略等应用业务的一组信息处理代码构成
应用展现层	通过人机交互等方式，将业务逻辑和资源紧密结合在一起，并以多媒体等丰富的形式向用户展现信息处理的结果

（五）信息系统的技术类型

信息系统的开发主要涉及计算机硬件技术、计算机软件技术、计算机网络技术和计算机数据库技术等五个方面的技术，具体如表 7-4 所示。

表7-4　信息系统涉及的技术类型

技术类型	技术描述
硬件技术	硬件系统是信息系统的运行平台，主要包括网络平台、计算机主机和外部设备。网络平台是信息传递的载体和用户接入的基础
软件技术	系统软件：为管理、控制和维护计算机及外设，以及提供计算机与用户界面的软件，包括各种计算机语言及其汇编、编译程序、监控管理程序、调试程序、故障检查和诊断程序、程序库、数据库管理程序、操作系统（OS）等 应用软件：为了某种特定的用途而被开发的软件，它可以是一个特定的程序，或一组功能关联紧密、相互协作的程序的集合，也可以是由众多独立程序组成的庞大软件系统
网络技术	计算机网络是将分布于不同地理位置的计算机、计算机系统和其他网络设备，利用网络介质进行连接，以网络软件实现信息互通和网络资源共享的系统。计算机网络包括网络介质、协议、节点、链路等 根据通信系统的传输方式，计算机网络的拓扑结构可分为点对点传输结构和广播传输结构两大类；根据通信距离，可分为局域网和广域网两种
数据库技术	数据库系统包括数据集合、硬件、软件和用户层次模型、网状模型、关系型数据库系统

二、网络金融审计信息系统的内涵及特点

（一）网络金融审计信息系统的内涵

网络金融审计信息系统是利用计算机硬件、计算机软件和网络通信设备，实时、动态、全面地采集、加工和分析金融大数据（包括直接类数据、间接类数据），为金融审计人员持续提供网络金融审计的大数据服务功能（包括大数据计算、大数据分析、大数据展示等）、信息服务功能（审计案例、审计路径、审计线索、审计证据、审计问题等信息的查找与借鉴）和审计实施功能（智能导航与定位、自动审计、审计台账和审计报告自动生成等）的集成化人机系统。网络金融审计信息系统主要由金融审计人员、通信网络、网络金融审计大数据平台和网络金融审计应用系统组成。

（二）网络金融审计信息系统的特点

网络金融审计信息系统是一个复合性系统，从其大数据特性、系统构成和应用特点来看，它是数据处理系统、管理信息系统、决策支持系统、专家系统的集合体。该系统的主要特点包括大数据服务的自动化、信息服务的智能化、审计实施的导航化。

网络金融审计信息系统主要通过计算机技术、网络通信技术，以联网方式采集和获取被审计单位的财务数据、业务数据和管理数据等，同时获取与金融审计紧密关

联的公安、司法、税务、行业数据，构建金融大数据信息库。在审计用户通过审计终端（PC或移动端）发起审计信息及审计数据、审计线索或审计问题、审计法规等查询时，金融大数据信息库会向审计用户提供自动化、快捷化服务。

同时，网络金融审计信息系统利用语义分析、相似度计算、数据挖掘技术，将各类审计信息和审计成果转化为审计专家经验和审计经验模型（包括审计案例、审计法规、审计方法、审计规则、审计问题、审计线索和审计路径等），从而为审计用户提供审计专业人员的审计经验支持。

以审计问题查询为例，当审计用户端发起审计问题查询时，网络金融审计信息系统会通过语义分析、相似度计算方法，对发起的审计问题与近似审计案例库中的审计问题信息数据进行自动匹配和案例映射，提供和展示关联度高的审计案例以及关联审计问题，同时还可以查询到与审计问题关联的审计法规条款。

（三）网络金融审计信息系统设计原则

网络金融审计信息系统的设计原则应满足以下方面的相关要求。

1. 技术的领先性和稳定性要求

网络金融审计信息系统的构建应基于国际及国内先进的技术架构进行构建。同时，要充分考虑该信息系统在实施和投入运营后的一段时间内，其系统和技术的先进性和领先性，以及信息系统的稳定运行状态，实现低故障率的持续运行，以便充分满足今后网络金融审计业务不断增长和审计业务范围拓展的需要。

2. 系统的开放性与扩展性要求

网络金融审计信息系统涉及与多个外部数据系统、内部不同业务系统和数据库之间相互调用和信息共享，故该系统应在安全性的前提下，允许兼容诸多异种计算机硬件设备和不同的系统软件、应用软件。

网络金融审计信息系统还应充分考虑到未来审计用户数量的不断扩大和业务访问量的急剧扩增，做好扩容的预案和应急工作。同时，当系统容量增大时，应具有自动分配足够的资源应对剧烈变化的机制。所以，在网络金融审计信息系统的设计和实现时，应做到能够根据用户的需求灵活地增减资源的使用和配置。

3. 系统的标准化与可集成性要求

网络金融审计信息系统所采用的软件平台和技术应遵循计算机领域通用的国际或行业标准。同时，网络金融审计信息系统应通过一定标准和方式的接口，调用和集成内部子系统、外部系统的数据库和功能，从而实现系统之间、系统内部的合理连接和资源共享，确保整体业务流的高效运转。

4. 系统的可管理性和高效性要求

网络金融审计信息系统应满足可管理性要求，即在系统部署时应利用规范化、标准化、兼容性的技术和产品来提升系统的可靠性，降低系统的使用、部署和运维费用；同时，在信息系统的可靠性监测方面，使用以网络远程监测为主，现场监测为辅的方式，提升监测效率和管理效率。另外，网络金融审计信息系统应在服务器、运行效率、响应速度、数据库结构设计和算法等方面进行优化配置，提升信息系统运行的效率。

5. 系统的安全性和持续性要求

网络金融审计信息系统由于涉及海量的金融大数据，以及多个子数据库，同时与多个外部系统进行连接，因此系统的安全性是必须考虑的首要问题。网络金融审计信息系统应采用加密技术、安全认证技术、权限技术和反病毒技术等来全面加强系统安全和数据安全。

同时，网络金融审计信息系统应充分考虑系统升级、停机检测等情况，做好持续性运行的预案，避免因系统运行间断导致审计实施过程的中断和审计数据的丢失和泄露。

6. 系统的友好性和可操作性要求

网络金融审计信息系统应充分考虑审计用户的使用习惯和操作流程，考虑系统的友好性和可操作性，包括功能界面友好、系统结构友好和操作流程友好。

（四）网络金融审计信息系统总体架构设计

网络金融审计信息系统总体架构设计有三层，具体说明如下。

1. 第一层级

金融审计大数据信息层，包括金融审计源数据层、缓冲数据层和金融大数据信息库层，说明如下。

源数据层为从外部获取各类金融大数据，包括金融数据、工商数据、税务数据、社保数据、司法数据、投资关系数据、审计系统数据和外部关联数据等。缓冲数据层是利用数据转移和加载工具，对金融源数据进行清洗、加工和预处理，形成缓冲数据。金融大数据信息库是指对缓冲数据进行归集分类、规律性总结，形成金融审计专家经验库和网络金融审计信息库，从而为审计应用系统和功能调用提供基础数据。

2. 第二层级

网络金融审计应用系统层。该层级包括网络金融审计管理系统、审计分析服务器层级，说明如下。

审计分析服务器为网络金融审计信息系统的中间层，该层主要目的是实现业务逻辑，在系统中为审计用户和底层数据库起到承上启下的桥梁作用和中间传输作用。当审计用户通过审计应用系统发起审计业务请求时，审计分析服务器接受请求并对请求进行分析，将请求提交至后台金融大数据库，并将金融大数据库的处理结果和响应反馈回审计用户端。

网络金融审计信息系统主要包括风险预警管理、审计数据管理、审计模型管理、审计分析实施、审计抽样实施、审计底稿管理这 6 个子系统。

第一，风险预警处理系统是向审计用户或系统提供使用网络金融审计规则对审计对象的业务信息流、财务资金流、商流和物流进行规则和路径判断，并由系统针对异常数据、异常路径、异常信息进行预警的子系统。

第二，审计数据管理系统是向审计用户提供对审计专家经验库、网络金融审计信息库中的相关信息数据进行逻辑分类、收藏、追踪，为审计线索和审计证据的发现和确认提供数据支持的子系统。

第三，审计模型管理系统是向审计用户对不同审计业务创建的审计模型和审计方法进行修订、保存和管理的子系统。

第四，审计分析实施系统是向审计用户提供审计业务发起，包括账表分析、数据分析功能的子系统。

第五，审计抽样实施系统是向审计用户提供审计业务抽样管理、抽样向导、现场审核和评价向导功能的子系统。

第六，审计报告管理系统是向审计用户提供审计日志编写、审计证据确认、审计底稿编写、审计报告生成和审计台账形成功能的子系统。

3. 第三层级

网络金融审计信息报告应用层。该层级主要是基于网络金融审计的实施过程，对金融大数据信息进行分析，自动生成或人工发起生成各类审计报告成果，包括审计实施类、项目管理类、审计风险预警、持续监测类、异常数据监测类、审计线索跟踪类、审计问题分析类等审计报告。审计信息报告成果体现了金融大数据与审计过程的有机结合，是审计工作的终点，也是新审计工作的起点。

三、网络金融信息系统的其他方面设计

（一）信息系统的网络与安全设计

在设计网络金融审计信息系统的网络与安全性时，还需考虑以下方面的问题。

第一,网络金融审计信息系统的组网应基于金审工程内网平台,实现审计用户端与被审计对象端的连接,以确保网络金融大数据和审计数据传输的安全。

第二,在金融大数据信息库与审计分析服务器之间应增加金融数据库透明网关,以便与国家审计信息中心的数据库服务器(DB2)之间进行基础数据的交叉。

（二）信息系统的数据视图设计

网络金融涉及金融机构和非金融机构,涉及不同领域的金融业务,而金融机构的业务系统又具有不同的业务逻辑。在进行网络金融审计信息系统构架设计时,既要满足审计数据库结构的接口标准和统一规范,还要充分考虑不同金融机构和不同金融业务的数据库原型逻辑。故可以采用数据视图设计方法,即将审计对象的原始数据库完整映射克隆至金融大数据信息库中,构建起基于审计对象数据库及数据流的数据库视图,构建起字段映射关系,从而便于进行数据库及数据的分析。

第 八 章　网络审计技术研究

第一节　结构化数据储存与分析

一、概述

数据中心系统是审计大数据平台的核心配置，该系统实现对平台所有信息资源的采、存、管及简单的查询应用，为应用分析系统层提供数据支撑，也为大数据集的分析建模提供分布式算力支持。数据中心系统主要包括信息资源规划管理、数据采集加工、数据权限管理、数据分析应用等功能。审计数据中心引进大数据技术，一方面是满足报送数据全量入库，增加数据化审计的行业覆盖；另一方面，是深化行业审计数据主题和集市的建设，进一步提升审计数据资源管理的自动化、智能化，为跨行业、跨领域数据分析提供数据支撑。最后，形成数据资源中结构化数据的组织体系，为数据分析处理提供大数据计算支撑能力。为了解决海量数据的存储问题，实现审计数据的全覆盖，引入分布式数据仓库技术是重要的解决方案，而高效的SQL-on-Hadoop是一种有效手段。通过对比多项分布式计算引擎技术，发现HAWQ在多方面具有显著优点，更适合审计结构化数据分析和建模。

二、HAWQ存储与分析技术

提高审计覆盖面的关键是尽可能存储更多的数据并且快速完成分析工作。高效的数据压缩和分布式计算可以有效节约存储空间并且提高审计效率。HAWQ是一款兼容Hadoop生态圈的分布式SQL引擎，同时也是分布式的高性能数据仓库。与Hive相比，HAWQ更容易上手和安全，它兼容ANSI-SQL标准语法，具有完善的权限管理机制；与Impala和SparkSQL相比，HAWQ拥有独立的数据仓库和源数据管理；与传统数据相比，HAWQ具有分布式高性能高可用的特点；与Greenplum比，HAWQ拥有比传统MPP数据库更先进的弹性执行引擎。作为基于HDFS的分布式计算引擎，HAWQ具备数据冗余备份和主备节点故障自动切换的功能，能容忍磁盘级与节点级故障,可以确保审计业务的高效、安全和连续,基本满足审计的业务场景需求。

（一）数据存储计算

HAWQ 与 Greenplum 最明显的区别是将本地文件系统更换为了 HDFS,继承了 HDFS 的存储和计算特性。搭建在 HDFS 之上的 HAWQ 具有以下特点:

1. 高效存储

HAWQ 支持多种高效存储格式如 ORC（Optimized Row Columnar）。ORC 是一种高效的列式存储格式,通过对宽表数据压缩和按列分割存储,可以有效降低存储空间和加速查询速度。采用 ORC 格式的宽表在查询时不需要全列扫描,只需要读取每次查询涉及的少数列。因此 ORC 可以显著减少 I / O 消耗,提高查询的返回速度。在数据压缩比上,ORC 比 Parquet 高约 5 倍、比 Textfile 高约 50 倍。SQL 查询速度方面,ORC 也比 RCfile、Avro 优秀,与 Parquet 持平。因此选用 ORC 格式的内部表具有优秀的存储和查询性能。

2. 高效计算

HAWQ 的存储和计算分离。在传统的分布式计算中,网络数据传输和磁盘读写往往成为限制计算速度的因素,因此采取数据本地化策略,结果可能是某个节点的计算进程过慢拖延了总体任务进程。随着网络交换技术的高速发展以及各种高效的压缩算法和列存储格式的出现,大数据的瓶颈逐渐由 IO 变成了 CPU。这时数据本地化已经不再重要,存储和计算分离的架构开始显现优势。HAWQ 引入了弹性执行引擎,通过存储和计算的完全分离允许启动多个虚拟 Segment 来并行执行查询,分配的虚拟 Segment 越多,查询执行得越快。存储和计算架构充分考虑了节点负载均衡和资源利用,解决了 MPP 执行计算时节点负载不均衡和资源浪费问题,大大提高了 SQL 执行速度和并发能力。

3. 高可靠性

HDFS 的高可靠性大概可以分为三个方面:Hadoop 的稳定性、HDFS 的可靠性以及计算的容错性。高可用状态下 NameNode 和 Secondary NameNode 的自由切换保证了 HDFS 集群的容错性;存储上采用多备份数据块的冗余存储使得集群中有一台机器数据失效时不会导致一个数据文件失效;当某个节点出现计算故障时,计算任务可被重新分发到别的节点计算,以保证计算任务完成。

综上,HAWQ 可以支持大规模数据存储和高效计算,并且通过压缩算法降低数据占用空间。此外，HAWQ 集群的高可用性可以安全稳定存储审计重要数据，并持续提供数据计算服务。

（二）内外部表设计

HAWQ 是数据仓库技术，拥有自己的存储数仓和源数据管理，支持内部创建表。HAWQ 允许用户像使用 PostgreSQL 那样创建内部表，并且指定表的存储格式和数据分布式形式。HAWQ 内部表数据都是分布存储在 HDFS 上的，创建表的时候可以选择哈希分布或随机分布。哈希分布式有利于实现本地连接、排序或聚合操作，而随机分布有利于各节点数据平衡和负载均衡。

HAWQ 除了能独立建内部表，而且能通过建外部表（External Table）访问外部系统数据。借助 PXF 的扩展框架，HAWQ 可以以外部表的形式访问 HDFS 数据，包括 Hive 表、HBase 和 JSON 等数据。数据格式包括 TextFile，SequenceFile，RCFile，ORCFile 等。一般情况下，读取 TextFile 时需要在创建表语句中指定分隔符。ORC 格式不需要定义列分隔符，因为这种格式本身已经按列划分存储。因此往 HDFS 写数据的时候推荐使用 ORC 格式，一方面可以避免分隔符带来的行错乱，另一方面可以节约存储空间。在 HAWQ 删除外部表时并不会删除外部数据，这样可以有效避免误删关键数据，保持数据的完整性。

HAWQ 支持建立分区表，包括范围分区和列表分区。这里的分区表是指 HAWQ 的内部分区表，需要在创建表的时候指定分区字段。范围分区包括数值分区和列表分区。数值分区是基于数字范围分区，如日期、价格等。列表分区是基于列表值分区，如区域、性别等。当以分区字段作为过滤条件查询数据时，HAWQ 只会扫描满足查询条件的分区，而过滤掉其他分区，最终加快了查询速度。一般情况下，只有在拥有相当数量级的数据并且有分区使用的场景时才选择设置分区，否则分区带来的性能优势会被维护成本抵消。

（三）审计分析模型

标准 SQL 可以有效降低审计分析人员使用大数据技术的学习成本。HAWQ 的 SQL 源于 PostgreSQL，符合 ANSI SQL 规范并且支持 SQL 92、99、2003 OLAP，包含一系列关联子查询、窗口函数与聚合函数的功能。和许多传统数据库一样，HAWQ 支持 JDBC 规范，用户也可通用 SQL 客户端加载 PostgreSQL JDBC 驱动连接使用 HAWQ。这非常有利于审计业务人员开展分析工作，习惯了使用 Oracle、MySQL 和 SQLServer 的审计分析人员可以很轻松地上手 HAWQ。相比 Hive、Impala 这些类

SQL 分布式计算引擎,支持标准 SQL 的 HAWQ 极大地降低了学习成本,降低了审计分析人员对新技术的不适与排斥。

标准 SQL 支持将已有的 SQL 审计模型迁移到 HAWQ 而不需要做过多修改。Y 市审计局通过建数据分析团队,基于系统的数字化审计平台开展大数据审计分析,将公共资源交易中心的政府采购和招投标数据纳入数据分析范围,实现对预算编制、预算执行、非税收入、固定资产、政府采购、招投标等各环节的审计全覆盖。一共分析审计事项 98 个,编写审计模型 90 个,审计分析模型直接固化在平台上,逐步建立起部门预算执行审计方法体系。这类分析模型主要是基于 Oracle SQL 语句编写,若是转化为 Hive 等其他类 SQL 语句,代价将相当高昂,而且部分函数的存储过程难以实现。而通过 HAWQ 平台,这类 SQL 审计模型可以很轻松转换,不需要考虑过多函数差异。此外借助 HAWQ 的高效分布式计算性能,可以编写更复杂的 SQL 模型,让工作效率大幅提高。

HAWQ 支持用户自定义函数,允许使用 SQL、C、Java、Perl、Python 和 R 语言编写 UDF,进一步丰富 SQL 函数的功能并且简化 SQL 的编写。其中 Java、Perl、Python、R 通常被称为过程语言,支持过程语言编程是对 HAWQ 核心的功能性扩展,而 Hive、SparkSQL、Impala 均不具备此功能。通过编写高级的 UDF,可以完成复杂的数据处理工作,为建模分析提供可靠的数据支持。

(四)数据权限管理

数据安全是信息系统最薄弱的环节,在信息时代越来越受到重视和投入。要实现数据安全就要对数据严加限制和监控,具体包括数据的输入、输出和存取控制等,以保护底层信息源中的数据,使得程序运行时得到的数据完整、有效、使用合法和不被破坏或泄露。在大数据环境下,审计单位信息化程度较高,应用系统较多,操作用户也多,因此,用户及权限管理是一个重要挑战,特别是对一些员工流动比较频繁的岗位(如外聘岗位)来说,这种问题更为严峻。因此有必要提高身份认证机制的安全性,加大对数据的管理力度,降低数据泄露的风险。

作为审计大数据的数据仓库,势必会存储种类繁多且数量巨大的涉密数据,因此要具备完善的权限管理,以满足极高的安全和保密要求,特别要管控好面向开发和面向分析的风险。与大多数分布式 SQL on Hadoop 不同,HAWQ 基于 PostgreSQL 开发,具备完善的数据管理权限功能。PostgreSQL 使用角色的概念管理数据库访问权限,对访问控制列表模型做了简化。其中组和用户都是 Role,用户和角色的区别是角色没有 Login 登录权限。根据角色自身设置的不同,一个角色可以看作是一个数据库用户，或者一组数据库用户。角色可以拥有数据库对象以及可以把这些对象上的权限赋予其他角色，以控制谁拥有访问哪些对象的权限。对象权限是指在表、序列、函数等数据库对象上执行特殊动作的权限，其权限类型包括 select、insert、create 等表操作。

（五）机器学习扩展

机器学习和大数据密不可分，一个好的模型需要大量数据支撑训练和检验。审计业务存在非常可观的结构化和非结构数据，因此机器学习和审计大数据可以有机结合推进审计工作智能化。审计部门有必要了解人工智能的基础知识，知晓其运作原理及其可能带来的风险和机遇等。目前传统 SQL 审计模型解决了大部分的审计疑点问题，但是还有很多有噪声的、不完全的、随机的数据没有很好利用，比如评标指标数据、文本数据等，需要通过数据挖掘从海量数据中挖掘隐藏的违规不合理信息。

MADlib 是一个基于 SQL 的数据挖掘解决方案，提供了分类、回归、聚类、关联规则等机器学习算法。MADlib 可利用 MMP 技术提供基于并行计算的统计和机器学习，可对结构化和非结构化数据进行分析。目前支持 MADlib 扩展的数据库包括 Greenplum、PosTgreSQL 和 HAWQ 等。在部署 MADlib 的集群上，用户可以直接在数据库用 SQL 调用相关函数完成统计分析和机器学习。

此外，借助 HAWQ 的分布式算力，用户可以使用 SQL 编写自定义函数来封装更高级更复杂的函数以使用 MADLib。例如，用户可以根据实际业务，把数据处理和数据分析、机器学习结合起来，定义更高级的用户定义函数，完成对数据一站式模型分析，提高数据处理和分析效率。总体来说，MADLib 在一定程度上支持了多维度、深层次、系统化的数字化审计模式，可通过 MADLib 运用对比、分组、相关、回归、聚类等方法，加大对数据资源的分析挖掘力度。

HAWQ 支持建立内部表，同时可通过外部表接入外部数据，完成大数据集高效存储和计算。HAWQ 支持标准 SQL，降低了审计业务人员使用大数据的难度，同时支持多种编程语言编写用户自定义函数，极大地提升了 HAWQ 的数据分析效率。HAWQ 丰富而细粒化的角色权限管理可以满足数据开发和数据分析的安全需求，确保审计数据安全。HAWQ 可通过 MADlib 扩展机器学习能力，支持使用高级算法挖掘海量数据的隐藏的信息。

第二节　数据归集

一、概述

根据大数据审计平台的建设要求,数据归集系统为审计数据定期报送制度提供信息系统支撑,也是大数据审计平台数据接入的重要一环。由于网络带宽以及数据规模和安全性的限制,传统审计的数据传送主要是通过加密硬盘拷贝数据再由人工递送完成。这种传输方式耗费时间人力,也不利于数据安全。数据归集系统设计初衷是要取代原来人工拷贝数据并由专人递送的传统方式。数据归集系统建设的内容包括建立数据归集目录,分类确定数据更新周期及办法。数据收集系统基于政务信息共享平台实现归集通道功能,实现各部门单位定期报送被审计对象数据,跟踪数据归集进度。同时对归集回来的数据进行采集、转换、清理等工作,实现数据自动化归整、校验,辅助审计业务开展前的数据归集和处理。在数据报送任务下发后,被审计单位只需定期将数据通过该系统传送到指定的审计局节点即可,免去了不必要的人员走动。数据归集管理必须提供数据的审核校验,以保证对数据质量的要求。

二、HTTP大文件上传技术

根据审计单位归集数据的分析,需要归集的数据包括结构化数据库备份文件以及非结构化数据文件。数据库类型包括 Oracle、DB2、SQL Server、MySQL、SyBase 以及其他数据库,半结构化、非结构化数据包括 Word、Txt、Excel、Xml、Pdf 等电子文档。单个文件大小在数十 KB 到数百 GB 不等。每年归集数据库备份文件的原始数据约 30TB,以文本、电子表格等形式为主的半结构化、非结构化数据约 5TB。审计文件归集场景具有以下特点:

第一,文件大小范围大:文件大小从几 MB 到数百 GB 不等,因此归集系统要支持 TB 级别文件的可靠传输。

第二,文件不重复:各地方机构按要求上传的文件一般不会相同。

第三,并发需求:数据归集任务普遍在特定时间发出,而且文件大导致传输时间长,因此系统需要有较高的并发支持能力。

传统意义上讲,当传输的数据量普遍较大并且有较高的稳定性和安全性需求时,一般采用 C / S 架构开发和部署。这种方案还可根据数据敏感度选择采用 VPN 加密链路传输。然而传统的 C / S 架构在部署方面不够灵活。随着浏览器技术的升级，基于 HTTP 传输大文件成为可行方案。本章将从审计归集数据业务角度出发，设计基于浏览器的大文件传输方案。方案采用分而治之的思想，对大文件分片切割，逐步上传，最终合并。期间通过文件校验、并发设计、断点续传优化上传细节，使之具备高性能、高可靠传输的特点。

（一）分片上传

审计归集的不少数据文件达到了 GB 级别，目前已知最大的文件超过 800GB。即使在百兆的政务内网，传输也会相当耗时。因此文件归集系统需要保证安全稳定可靠传输，满足 TB 文件传输，而文件分片上传技术成为可行方案。文件分片上传，就是在文件上传前，按照一定的长度将文件切分，除了最后一个数据块不作要求外，整个文件会被顺序分割成多个相同长度的数据块。然后开始将数据块逐个或并发上传，当所有文件块传输到指定节点后，应用程序会将分片文件合并成原始文件，并进行文件校验。分片上传这种分而治之的思想不仅可以降低系统压力，而且给断点续传的实现提供便利，还能使用多线程对不同分块数据进行并发上传，提高发送效率。

随着前端技术的发展，HTML5 和 JavaScript 在文件处理方面提供了 FileReader、CryptoJS 等一系列用于浏览器文件分片和计算的接口对象。其中涉及的主要程序变量定义如下：

分片上传的整个流程大致如下：①文件检查：文件上传前检查该文件是否已经上传完成，由任务 ID 和文件名的字符串散列值构成唯一标识符；②获取分片上传进度：从服务器端获取分片上传进度信息，以此来区分断点续传还是从未上传；③文件分片：通过设置分片大小，由前端 file 提供的 slice 接口对指定起始字节段的文件进行切分，由 FileReader 模块读取分片字节内容；④分片散列计算：在前端对分片进行 SHA256 计算，其结果值会传到后端与后端计算结果进行比较；⑤分片上传：通过 POST 请求将分片数据以及生成的 SHA256 传输到后端并生成临时分片文件，同时保存 SHA256 到数据库；⑥后端分片 SHA256 校验：在后端对临时分片文件进行 SHA256 计算，并和数据库的 SHA256 进行比对；⑦重复步骤③~⑥，直至所有分片全部上传完成；⑧后端合并完成；⑨前端返回上传结束。

（二）断点续传

审计归集文件往往较大，而归集单位到政务云的带宽一般在百兆左右，因此传输大文件非常消耗时间，100G 的文件需要传输数小时。此外传输过程中网络有可能比较繁忙,难以保证不会出现短暂网络中断。当以浏览器作为上传客户端时,人为失误或软件故障往往会造成传输中断。而大文件传输一旦中断,从头开始重新上传代价比较大,不但不能保证此次文件一定能够上传成功,而且大量的数据在网络中的重复传输会占据大量网络带宽,浪费网络资源。因此大文件传输往往要求具备断点续传功能,以解决偶然性网络传输中断问题,节约宝贵时间和带宽资源。

在分片上传的基础上,断点续传功能比较容易实现,文件上传的进度可以用分片上传的进度表示。因为分片数据在后端已经持久化,前端可以通过检测服务器的分片数据和数据库记录来确定文件上传进度。服务端可以提供相应的接口便于客户端对已经上传的分片数据进行查询,使客户端知道已经上传的分片数据,从而从下一个分片数据开始继续上传,直至任务完成。

(三)开发设计

大文件上传的时候会产生许多分片数据,这些分片数据信息需要通过数据库持久化。一是为了合并文件的时候检查分片的完整性;二是需要断点续传的时候,通过分片信息检查文件上传进度。然而,当存在大量同时上传任务的时候,将产生大量分片数据的读写数据库任务。随着访问频率越来越高,数据库往往陷入性能瓶颈,最终成为文件上传的一个并发性瓶颈。对于这个问题,一般采用三种方式解决:一是降低客户端并发数,减少同一时间数据归集任务;二是调整分片文件的大小,分片越大,总的分片数就越少;三是采用高性能的缓存数据库完成分片信息的持久化。经过测试和验证,将分片大小设为10MB,同时用Redis取代关系型数据库记录分片信息。

Redis是当前使用最广泛的NoSQL,它的性能十分优越。Redis采用多路复用机制,多个网络socket复用一个IO线程,单个线程可以同时管理多个I/O流,在普通服务器上可以支持每秒十几万次的读、写操作,其性能远超一般关系型数据库。Redis还支持分布式集群模式,通过增加节点来线性扩展并发性能。本文Redis使用的数据集合为Set,其中Key的值为任务序号+文件名的SHA256,Value是分片序号,每上传一个分片就往对应文件的HashSet插入相应的分片序号。检查分片是否存在只需用HashSet的exist函数判断。

(四)数据校验

文件经过网络传输之后,为了确保文件的准确无误,一般需要对文件进行完整性校验。文件完整性校验的常用方法是使用基于散列函数的校验算法。虽然MD5和

SHA256 同属散列算法,但 SHA256 的计算更复杂,碰撞难度更大。具体方法是对每片分片进行 SHA256 校验,若出错则重传。所有分片正确上传后则执行合并,合并的过程实际是按顺序读取所有分片文件合并成目标文件。一般情况下,现在的计算机或服务器性能非常安全可靠,一般默认读写操作不会出错。所以当所有分片数据正确的情况下,默认读取分片合成的目标文件也不会出现差错。

第三节　文本相似度计算

一、概述

非结构化数据审计主要面向归集整理后的相关文档,包括批复文档、规划文书、会议纪要、科研经费申报资料、招投标文档等。对于会议纪要、公文、发文、项目报告、工作报告等,通过自主设定搜索主题与搜索范围,实现对文本信息的自动抓取、语义分析、事件聚类等功能。还要对文本、文档的各类审计事件相关信息进行查重、简化、提取、分类、情感判断等处理。其中查重主要是针对项目申报资料以及一些招投标文件,文本字数从几百到数千不等。

当前度量文本相似度算法包括关键词匹配、词向量计算等,但大多只解决了短文本的相似度计算问题,面对长文本却没有很好的对策。另外,不同的算法在不同场景各有优异,但也会存在适用性的问题。如适合短文本比较的模型不适合长文本比较,适合长文本比较的不适合短文本比较,长短文本对比困难,评判标准单一等。对于短文本与短文本的相似度计算,可通过构造文本词向量进行余弦相似度计算得出不错效果。但对于长文本与长文本的相似度计算,大量的词向量叠加会导致向量距离趋近而失去表达意义。另外有的算法需要先验知识或训练语料,有的算法需要较大的计算量,因此在实际应用中受到一定的限制。

二、多维查重对比技术

审计查重主要是针对项目申报文件和招投标文件,文本字数从数百到数千不等。为了提高开发效率,引入开源文本处理工具 Hanlp 的 Standard Tokenizer 分词技术,基于分词结果设计了检索词提取步骤,基于 Elasticsearch 设计了检索逻辑步骤。为了更好衡量两篇文本的差异,提出了多维指标评价模型,通过四个指标评判解决长文本、长短文本的对比查重问题。

（一）检索词提取

检索词的引入是为了降低文本查重维度，加快查重速度。检索词是指不同文本中能够显著区别其他文本的字词，常见的有人名、地名、术语、数字等。这类词与真正意义的关键词不同，不能代表文本的关键信息，但是能代表文本的特殊特征。通过经验判断，在一些审计文档中，人名、地名、数字、术语在文本间有较高的区分度。通过提取输入文本的检索词，可以快速找到其他若干已经进行倒排索引的相似文本。检索词可以解决长文本查重困难的问题，具体方法为，基于词性和关键词以及权重确定一定数量的检索词，通过检索词查找相似文档，有效降低系统查重计算压力，提高查重的效率。检索词的确定一般需要经过以下几个步骤：

1. 冗余处理

项目申报资料和招标文件往往存在一定量的格式文字，其中出现频率极高的词汇容易被算法误认为是能代表全文的关键词，因此在文本相似度计算时最好将其去除。一般可通过分析后的正则匹配将其去除。此外，某些文本可能还需要去除特殊标签，去除文本中包含的表情、符号、链接等。

2. 分词及词性标注

与英文不同，中文是连续的字符组合，这导致字与词之间难以划分边界，可能会产生多种切分歧义。在自然语言处理中，分词效果的好坏可直接影响后续训练以及最终计算结果。即使面向同样的语料，使用不同规则的分词规则，得出的结果差异也会很大。理想情况下，所有的词条都应该被收集到词典里，但在信息爆炸的今天，每天都会产生大量新鲜的词汇，这类未登录词给分词进一步增加了难度。

系统采用基于维特比算法的分词工具，这类分词工具已经有很多开源实现，如Standard Tokenizer。经过试验，这类分词工具能满足审计文本的分词需求。Standard Tokenizer首先对文本句子进行全分词，然后根据核心字典进行最大匹配的粗分词，并构建字词网络，最后利用核心字典的词频进行维特比推断计算，确定最终分词结果。

3. 权重计算

权重计算是在分词结果上根据词性对分词做进一步筛选，目的是通过调整权重选出区别度更高的字词。对于一般文本，文本中的名词和数字具有较高的区分度，而对于审计文本，人名、地名、数字、术语在文本中有较高的区分度。因此对于分词结果，可根据词性优先选取地人名、地名、数字、术语作为检索词，但针对长度不同的文本，词性检索词有时过少，不满足检索词的个数要求。因此还需要设计算法进一步完

善。这里基于词频或者权重,对他们进行进一步筛选或者补充,设计步骤如下:

第一,对所有分词结果赋予权重,保存为 K-V 键值对形式。普通词赋值为 1,重点词赋值为 1000。

第二,对所有的键值对按"键"累加合并。当检索词少于 N 个时,由 TextRank 算法选出的关键词进行补充。TextRank 算法提取的关键词键值形式为(Tk, Tv),Tk 代表关键词,Tv 代表得分,得分越高代表关键词越重要。最终得到检索词键值对集合。

第三,根据键值对的值大小选出前 N 个作为最终检索词,N 一般取 30~50。检索词的数量可根据文本长短以及检索精度动态调整。

(二)检索逻辑设计

检索逻辑设计是为了快速筛选出相似的文本。通过以上步骤已经获得一定数量的检索词,接着通过检索词对文本数据进行检索,需要对比的文本数据存在倒排索引数据库 Elasticsearch 中。Elasticsearch 是一个基于全文检索数据库,对外提供 HTTP 查询检索接口,允许分布式集群部署。Elasticsearch 通过分词控制器对存入的数据分词,并动态计算和更新相应的权重,当用户搜索数据时,再根据权重将结果打分、排序并向用户返回结果。这里需要注意的是,输入文本的分词方法应和 Elasticsearch 里面的分词方法保持一致,这一步可以通过安装分词插件来实现。检索逻辑设计步骤如下:

第一,将前一步骤所得的检索词分别对 Elasticsearch 数据库进行检索,每次检索最多返回 M 个匹配文档,M 一般取值 5~10。

第二,将返回文档的"id"及"score"保存成 K-V 键值对 {id, score}。将所有检索词的返回结果累加合并。其中"score"是 Elasticsearch 基于 TF-IDF 算法给文档匹配程度的打分值,分数越高,匹配度越高。每次返回数量可根据实际情况调整。最终得到返回文档键值对集合。

第三,对最终结果按值排序取 top N 作为"匹配文档"返回。

(三)多维指标计算

多维指标计算是为了更好评价两篇长短文本的相似度。传统单一评价指标,不管是欧氏距离还是余弦距离,都不能很好地评价两篇文本的相似情况,特别是长文本与长文本的比较,短文本和长文本的比较。两篇文本过长时,他们的关键词有可能趋近相同,但文意差别可能会很大。长短文本比较时,一篇文本可能大部分来自另一篇文本,可是一个指标难以表达他们的依存关系。为此,本节提出"主题关联度""内容相似度""左侧相似占比""右侧相似占比"四个评价指标来评价两篇文本的相似度情况,解决了长长文本、长短文本比较困难的问题。

（四）相似排序

多维指标计算设计了四个指标,分别是主题关联度、内容相似度、左侧相似占比和右侧相似占比。左侧相似占比和右侧相似占比的引入是为了解决长短文本的对比难题,例如,当输入文本 A 篇幅小而文本 B 篇幅长,文本 A 的内容可能完全来自文本 B,但因为篇幅差异过大,单维度的相似度算法结果可能很小,从而削弱了描述能力。因此,设置多维度指标可以根据实际应用场景选择合适的一个指标或者多个指标的组合。根据主题关联度排序,可以找到与输入文本主题相似的文本;根据左侧相似占比排序,可查找包含输入文本最多的文本;根据右侧相似占比排序,可查找包含对比文本最多的文本;若要综合左侧相似占比或右侧相似占比,可用内容相似度排序或者左侧相似占比和右侧相似占比的合并值排序。根据实际审计业务场景,最终选择左侧相似占比或右侧相似占比的较大值作为排序依据可以有效返回相似文本。

第四节　系统测试结果与分析

为了验证技术的可行性,本章将通过设计不同的测试分别对 HTTP 大文件上传技术、HAWQ 结构化数据存储与分析技术进行测试,对文本对比查重技术的可行性和可靠性进行系统的测试。

一、HTTP大文件上传测试

（一）测试设计

本实验选择在内存为 64GB、CPU 内核数目为 32 的服务器部署相关系统,服务器性能较高,负载率较低,计算资源较为充足。客户端选择 360 浏览器作为文件上传浏览器,点击选中的文件传到后端并在后端服务器文件目录完成合并。从客户端到服务器中间经过百兆局域网。上传文件任务的开始时间和结束时间由后端日志记录的时间计算得出。为保证前后端有合理的负载,分片大小设置为 10MB。测试文件是用 Windows 自带的 Fsutil 工具生成的 4 个文件 Test1.Txt、Test2.Txt、Test3.Txt、

Test4.Txt，大小分别为 100MB、1GB、20GB、100GB。测试变量为并发上传分片数，测量数据是并发分片数分别为 1 和 3 时的上传时间，每组实验独立测量三次。

（二）测试结果与分析

随着文件越来越大，文件上传速度并没有明显变化，说明分片上传方案具有稳定性，上传速度与文件大小没有关系。原则上，只要客户端和服务端支持，可上传任意大小文件。将并发上传分片数从 1 增加到 3，并没有出现几何倍提高上传速度，经验证该速度接近网络最大上传速度（约 7 Mb／s）。因此盲目扩大并发数并不能明显提高上传速度。此外，方案也通过断点续传实验，达到预期效果。

二、文本相似度计算

（一）测试设计

多维查重对比技术，实际上是一种新的评价模型，目的是更好评价不同文本的相似度。实际审计业务场景是输入文本并返回若干相似度高的文本，并能查看对比结果。合理选择四个指标中的某个，可以更准确地比较两篇文本的相似情况，特别是二者之间的包含关系。在生产环境中，相较于原有的关键词相似度算法，多维查重对比技术的返回命中率更高，查询速度更快。

为了验证算法的可靠性，增加了外部数据进行验证。由于没有找到符合算法场景的公开标注数据集，即长文本、长短文本的中文数据集。因此，文本使用了公开的搜狐新闻数据集模拟生产环境的数据，整理了 5000 条对比文本和 250 条输入文本，文本字符数在 20 到 67000 之间。对比文本和输入文本通过唯一 ID 标注相似关系。

分别测试关键词相似度算法和多维查重对比算法，其中多维查重对比算法测试了三种排序规则，如表 8-1 所示。排序规则是指对文本计算出四个指标后（左侧相似占比、右侧相似占比、内容相似度、主题关联度），使用相关指标对文本排序，进而找到相似度高的文本。测试统计了不同返回结果情况下命中的相似文本个数并计算其命中率。

表 8-1　多种排序规则的多维查重对比算法

名称	排序规则
多维查重对比算法 A	Max（左侧相似占比，右侧相似占比）
多维查重对比算法 B	内容相似度
多维查重对比算法 C	主题关联度

（二）测试结果与分析

实验结果如表 8-2 所示，除了"Top2"关键词相似度算法略占优势外，其他两种情况多维查重对比算法要优于关键词相似度算法。其中基于左右相似占比的多维查重对比算法 A 的"Top10"命中率最高，找到了最多的相似文本，命中率为 90.8%。多维查重对比算法 B 和多维查重对比算法 C 的结果一样，比算法 A 稍低。说明要计算文本相似度时，有必要考虑文本之间的包含关系。而文本的互相包含情况也是审计查重的重点。可见，左侧相似占比或右侧相似占比的较大值的效果更好，实际审计业务场景中，最终选择这个作为排序依据。

表 8-2　关键词相似度算法和多维查重对比算法结果对比

算法	不同返回结果数的命中情况					
	Top2	（%）	Top5	（%）	Top10	（%）
关键词相似度算法	214 / 250	85.6	217 / 250	86.8	221 / 250	88.4
多维查重对比算法 A	213 / 250	85.2	224 / 250	89.6	227 / 250	90.8
多维查重对比算法 B	211 / 250	84.4	221 / 250	88.4	226 / 250	90.4
多维查重对比算法 C	211 / 250	84.4	221 / 250	88.4	226 / 250	90.4

多维查重对比算法的"Top10"命中精度只停留在 90% 左右，是因为新闻数据存在大量重复的"关键词"，而对关键词进行检索时，多维查重对比算法只会检索返回有限多个结果（程序设定，避免过度计算），即可能漏掉了"目标文本"。因此可以通过提高单次检索的返回个数或检索词个数提高命中率。

参 考 文 献

[1] 王宏伟，雷晓莉.财务审计研究 [M].延吉：延边大学出版社，2019.

[2] 单文宗，张冬平，黄婷.企业财务审计研究 [M].长春：吉林科学技术出版社，2019.

[3] 刘媛，姜剑，胡琳.企业财务管理与内部审计研究 [M].黄河水利出版社，2019.

[4] 孙宝厚.国家审计案例研究 [M].北京：中国时代经济出版社，2019.

[5] 许荣利.非现场审计模式研究 [M].北京：中国时代经济出版社，2019.

[6] 游春晖.环境审计制度创新研究 [M].广州：暨南大学出版社，2019.

[7] 肖小凤.审计市场结构与审计师声誉机制研究 [M].长沙：湖南师范大学出版社，2019.

[8] 孙宝厚.国家审计案例研究教学手册 [M].北京：中国时代经济出版社，2019.

[9] 刘志洋，宋玉颖.网络金融风险及监管研究 [M].北京：中国金融出版社，2017.

[10] 梁力军.网络金融审计新科技—新金融—新审计 [M].北京：北京理工大学出版社，2017.

[11] 刘明辉.高级审计研究第 3 版 [M].沈阳：东北财经大学出版社，2018.

[12] 刘慧娟.网络时代背景下的审计研究 [M].天津：天津科学技术出版社，2018.

[13] 邹子霖.审计证据理论与实务 [M].上海：立信会计出版社，2017.

[14] 王李.内部审计学概论 [M].沈阳：辽宁科学技术出版社，2017.

[15] 郑波.IPO 审计问题研究 [M].沈阳：辽宁大学出版社，2018.

[16] 孙平.我国政府绩效审计发展研究 [M].北京：经济日报出版社，2018.

[17] 丁丁，汪海峰.新形势下经济责任审计的理论创新研究 [M].北京：中国纺织出版社，2018.

[18] 程瑶.中国审计组织协同发展研究 [M].长春：吉林大学出版社，2018.

[19] 徐荣华.国家审计功能拓展与方法创新研究 [M].杭州：浙江大学出版社，2018.

[20] 胡晶玲.现代风险导向审计与小型会计师事务所审计质量研究 [M].西安：西北工业大学出版社，2018.

[21] 郑石桥.国外政府及公共部门审计研究 [M].沈阳：东北财经大学出版社，2017.

[22] 王延军.我国经济政策审计评价研究 [M].北京：中国时代经济出版社，2017.

[23] 王彪华.中国国家审计准则变迁研究 [M].北京：中国时代经济出版社，2017.

[24] 蔡文英.公司治理与独立审计的互动性研究 [M].广州：暨南大学出版社，2017.

[25] 马茹.审计实践课程教学与案例应用研究 [M].北京：光明日报出版社，2017.

[26] 周中胜.审计学 [M].苏州：苏州大学出版社，2018.

[27] 陈力生，杨罡，马佳易.审计学 [M].上海：立信会计出版社，2018.

[28] 张建平.内部审计学 [M].沈阳：东北财经大学出版社，2017.

[29] 李均，王文国.村级财务审计全覆盖推广模式研究 [M].西安：西北大学出版社，2017.

[30] 刘斌，付景涛.商业银行内部控制多维评价与内部审计应用研究 [M].沈阳：东北财经大学出版社，2018.